novum pro

Dietmar Schöckel

DER – „*merkwürdige*“ – BEWERBUNGSRATGEBER

Den gesamten Bewerbungsprozess erfolgreich gestalten

„Merkwürdiges“ wirkt auf den ersten Blick oft verstörend …

奇怪

… so wie zum Beispiel das
chinesische Schriftzeichen
für „merkwürdig, seltsam“
in unserem europäischen Sprachraum.

Doch häufig ist es auch klug, sich „Merkwürdiges“ zu merken.

novum pro

Bibliografische Information
der Deutschen Nationalbibliothek:

Die Deutsche Nationalbibliothek
verzeichnet diese Publikation in
der Deutschen Nationalbibliografie.
Detaillierte bibliografische Daten
sind im Internet über
http://www.d-nb.de abrufbar.

ISBN 978-3-99107-400-7
Lektorat: Bianca Brenner
Umschlaggestaltung, Layout & Satz:
novum Verlag
Innenabbildungen: Dietmar Schöckel

Gedruckt in der Europäischen Union
auf umweltfreundlichem, chlor- und
säurefrei gebleichtem Papier.

www.novumverlag.com

Inhalt

Gliederung

1 Einleitung mit Hintergründen und Zielen des Buches – Jobsuche ist angesagt, und was nun?

Nahezu jeder Mensch wird in seinem Leben vor die Situation gestellt sein, sich um einen Job zu bewerben, ob jung oder alt, gleich welcher Herkunft und mit welchen Wurzeln, ob mit akademischer Ausbildung oder ohne Schulabschluss, freiwillig oder gezwungen, männlich, weiblich, divers etc.

Die Bewerbungssituation kann vorhersehbar und geplant, aber auch völlig aus heiterem Himmel auf jeden von uns zukommen. So bewerben sich (junge) Menschen um einen Ausbildungsplatz, Ausbildungsabsolventen um einen Praktikumsplatz bzw. Jobeinstieg oder HochschulabsolventInnen um den Trainee- oder Direkteinstieg nach Studienende. Das sind die **EinsteigerInnen.** Aber auch für einen **Umsteiger**, sei es aus Wunsch nach neuen Herausforderungen, wegen eines Ortswechsels oder anderen freiwilligen Gründen, führt kein Weg an einer Bewerbung vorbei. Und am deutlichsten gefordert ist wohl der **Veränderer aus Zwang**, weil die Firma betriebsbedingt kündigt oder Krankheit einen Berufswechsel erfordert.

Kein Arbeitsplatz ist mehr für das gesamte Berufsleben garantiert und sicher. Dazu ist unsere heutige Zeit mit den veränderten Rahmenbedingungen – Stichworte wie Technischer Fortschritt, Digitalisierung, Globalisierung, Konkurrenz- und Anpassungsdruck, Renditestreben etc. sind Ihnen bekannt – zu fließend, flüchtig (volatil) und unsicher.

Jobsuche ist dann angesagt, und was nun? Es entstehen sehr schnell viele Fragen.

Wie gehe ich vor? Was muss ich beachten? Welche Fehler darf ich nicht machen?

und, und, und.

Es ist nachvollziehbar, dass Bewerbende dann unsicher sind, da es sich ja nicht um eine alltägliche Situation handelt – vielleicht ist es die erste Bewerbung als EinsteigerIn, oder die letzten Bewerbungsaktivitäten liegen Jahre bis Jahrzehnte zurück. So greift man gerne auf Unterstützung durch „Experten“ zurück.

Es gibt natürlich unzählige Ratgeber, schlaue Bücher, Karriereseiten und Blogs im Internet. Zeitungen/Zeitschriften widmen sich dem Thema und professionelle Trainingsmaßnahmen und Schulungen werden durchgeführt. Zu guter Letzt möchte ich auch die Bewerbungsberater und Placement-Coaches nicht unerwähnt lassen. Es ist ein riesiger Markt, und es wird viel Geld mit dem Thema „Fit für die Bewerbung“ gemacht. Doch wie findet der Einzelne in diesem unübersichtlichen Feld das „Richtige“ für sich? Man stellt sich verschiedenste Fragen u. a.

- Wo finde ich kurz und prägnant die wichtigsten Hinweise?
- Wie sortiere ich die vielen, zum Teil widersprüchlichen Tipps und Ratschläge?
- Kann ich alles glauben, was dort geschrieben bzw. ausgesagt wird?
- Wie viel Geld soll und kann ich überhaupt für professionelle Hilfe ausgeben etc.?

Eine Menge Fragen, Unsicherheiten und Stolpersteine türmen sich auf, in einer Lebenssituation, die neu und ungewohnt, aber entscheidend für den eigenen erfolgreichen und zufriedenstellenden Lebensweg ist.

Hier setzt nun mein „merkwürdiger Ratgeber“ an. Ich möchte mit dieser Schrift einen kompakten, dennoch umfassenden und auf den Punkt gebrachten Überblick über das Wissenswerte zu den Rahmenbedingungen und Aktivitäten im gesamten Bewerbungsprozess geben – zu einem erschwinglichen Preis und gespickt mit mehreren realen Praxisbeispielen. Mit der Konzentration auf das Wesentliche kann nicht auf jeden Einzelfall mit der jeweiligen speziellen Ausprägung (für Einsteiger/Umsteiger/Zwangsveränderer) eingegangen werden. Da hilft dann tatsächlich wohl nur das Spezialbuch, -training oder Einzelcoaching.

Aber wenn Sie diese Seiten gelesen haben, werden Sie sich bestimmt besser informiert, sicherer und vielleicht auch motivierter fühlen, „Ihre Bewerbung“ aktiv und frohgemut in Angriff zu nehmen!

All die Informationen, Aussagen und Ratschläge, die Sie in diesem Buch finden, basieren auf meinem eigenen Erfahrungshorizont, dabei jedoch aus zwei ganz unterschiedlichen Blickrichtungen.

Zum einen die Erfahrung und Rolle als Personalmanager in verschiedenen Unternehmen über einen Zeitraum von knapp 30 Jahren. Tausendfach fand das Sichten, Entscheiden Einladung ja/nein, Durchführen von Bewerbungsgesprächen und Entscheiden Zu- oder Absage für den Job statt und hat mein Handeln und Denken geprägt.

Zum Zweiten beeinflusst auch die nunmehr zehnjährige Erfahrung als Bewerbungsberater und Coach in einer Placement-Firma, in ehrenamtlichen Beratungsaktivitäten und in vielen Bewerbertrainings meine Aussagen. Hierdurch fließt indirekt die Sicht der Bewerbenden aus Rückmeldungen und Erlebnissen mit ein.

Darüber hinaus sind natürlich ebenso Aussagen bzw. das Wissen von PersonalkollegInnen und Führungskräften, aus einschlägigen Büchern, Karriereseiten, Blogs etc. verarbeitet.

Letztendlich ist es aber immer, und das betone ich hier schon ausdrücklich, meine Meinung, mein sehr persönlich gefärbter Ratschlag, den ich gebe. Sie müssen am Ende entscheiden, was Sie übernehmen und was nicht. Es ist und bleibt Ihre individuelle Bewerbung, mit der Sie sich wohlfühlen müssen!

2 Grundsätzliche Aussagen und „Merkwürdige Regeln" zum Bewerbungsprozess

Bevor wir nun ins Detail gehen, werden ein paar aus meiner Sicht für den gesamten Bewerbungsprozess allgemeingültige Grundsätze und Regeln formuliert.

Sie sind in meiner Definition **„merkwürdig"**, weil Sie, liebe LeserInnen, sich diese wirklich merken und „hinter die Ohren" schreiben sollten, wie man so schön sagt. Zum anderen sind sie **„merkwürdig"**, da sie bei einigen Personalern, ExpertInnen, aber vielleicht auch bei den Bewerbern selbst auf Befremden bis Unverständnis stoßen. Sei's drum, ich entschuldige mich und bitte im Voraus um Verzeihung. Dennoch, es wird bewusst überspitzt, um die Botschaften rüberzubringen und mein Denken und meine Ratschläge zu erklären und nachvollziehbar zu machen.

1 Es gibt kein Richtig oder Falsch im Bewerbungsprozess.

Eins und eins ist zwei, da gibt es in der Mathematik nichts zu rütteln. Alles andere ist falsch! So ist es aber nicht im Bewerbungsprozess. Hier gibt es kein Richtig oder Falsch, keine (mathematische) Eindeutigkeit. Natürlich gibt es Konventionen, Regeln, so wie es 90% machen, was BewerbungsberaterInnen und einschlägige Sachbücher sagen. Das „Aber" bleibt dennoch! KEIN Richtig oder Falsch und es ist nichts unumstößlich. Es bleibt immer die eigene Entscheidung, wie ich mich als BewerberIn entscheide und es ausgestalte.

2 „Du musst/du darfst nicht" gilt nicht.

Aus Regel eins ergibt sich logischerweise die zweite Regel. Wenn Aussagen von Beratern bzw. in Büchern etc. lauten „Du musst/du darfst nicht" sind diese schlichtweg übertrieben oder gar falsch. Es kann im individuellen Fall gute Gründe geben, es genau andersherum zu machen! Ich kenne aus meiner Praxis viele Fälle, bei denen die Bewerber trotz Verstoßes gegen die „Musst/Darfst-nicht-Regel" den Job erhalten haben.

Ein Beispiel
So hat eine junge Dame ein zweiseitiges Anschreiben gehabt und in einem Stil formuliert, der vielen BewerbungsberaterInnen „die Haare zu Berge hätte stehen lassen" ... Die junge Dame wurde dennoch eingeladen und hat den Ausbildungsplatz erhalten!

3 Sie als BewerberIn sollten „Sie selbst" sein – authentisch – und Ihren eigenen Weg finden.

Sie als BewerberIn müssen daher, nach Sammeln von Informationen, Ratschlägen, dem Führen von Gesprächen, einer Trainingsteilnahme etc. für sich entscheiden, wie Sie vorgehen, wie Sie Ihre Unterlagen gestalten und wie Sie das Bewerbergespräch führen. Es ist Ihre Bewerbung und Ihr eigener Weg.

4 In den Bewerbungsunterlagen und im Interview darf – rechtlich gesehen – nicht gelogen werden; Schönen und Weglassen ist jedoch erlaubt.

Nicht jeder Lebenslauf ist gradlinig und es gibt Situationen, persönliche Lebensumstände etc., die man in den Unterlagen bzw. im Interview am liebsten verschweigen würde. Dann tun Sie es, Verschweigen ist erlaubt und keine Lüge!

Auch Schönen, d.h. Dinge positiver, vorteilhafter darzustellen und ggf. eine kurze Begründung für negative Punkte zu geben, ist okay.

Aber bitte dabei doch relativ nahe bei der Wahrheit bleiben. Und auf keinen Fall „Geschichten erfinden“ und lügen! Das kann, insbesondere dann im Interview, schiefgehen. Wird das von den Personalern bzw. Führungskräften erkannt, war’s das. Sie sind raus, Chance vertan.

Ein positives Beispiel

Eine Bewerberin, Frau K., hat nach Abschluss ihres Abiturs auf dem zweiten Bildungsweg zwischen Abschluss und Wiedereinstieg in ihren Beruf als Krankenschwester ein knappes Jahr pausiert. Nach ein paar weiteren Jahren Berufstätigkeit und einer Qualifizierungsmaßnahme bewirbt sie sich nun bei einer Krankenkasse.

Im Lebenslauf lässt sie diesen Zeitraum ohne Tätigkeit einfach weg; erwähnt zeitmäßig nur das Ende der Schulzeit und dann den Wiedereinstieg als Krankenschwester.

Im Interview geht sie aber direkt auf diesen Zeitraum ein und begründet etwas geschönt. „Habe ich mein Abi abgeschlossen, überlegt, ob und was ich studieren könnte, mit Unis Kontakt gehabt, und dazu war ich in einer Beziehung und finanziell abgesichert. Da sind schnell 10 Monate ins Land gegangen. Dann habe ich mich aber entschlossen, zunächst wieder als Krankenschwester zu arbeiten.“

Die Aussage zur Beziehung stimmte, geschönt war ihre Aussage zum Studium; nur mit einer Uni war sie in Kontakt.

Diese Darstellung klang plausibel, es gab keine Nachfragen im Interview. Sie ist eingestellt worden und der Personaler lobte sie nach ihrem Start.

„Frau K., Sie haben im Interview eine sehr gute Selbstpräsentation geliefert.“

Ein negatives Beispiel

Eine Managerin, um die Mitte 40, war bereits rund ein Jahr auf Jobsuche. Im Interview wurde sie gefragt, warum diese lange Zeitspanne und was sie in der Zeit getan habe. Ihre Aussage war ein in der heutigen Zeit beliebter Lückenfüller, ähnlich wie

„Weltreise gemacht". „Ich habe über Monate meine Eltern gepflegt." Da der Interviewer sich gerade selbst aufgrund der Erkrankung seiner Mutter intensiv mit dem Thema Pflege beschäftigte, ging er näher darauf ein und stellte zwei, drei ergänzende (Fach-)Fragen. Die Managerin musste passen und war entlarvt.

Wenn Sie Geschichten erfinden, begeben Sie sich auf dünnes Eis. Man weiß nie, was für einen Hintergrund der Interviewer hat und ob nicht doch ergänzende, tiefergehende Fragen kommen. Schönen ja, dabei nahe bei der Wahrheit bleiben und nicht vollständig erfinden und lügen.

5 Der Raum-/Zeitfaktor oder auch das Glück spielt eine wichtige Rolle.

Bei aller guten Vorbereitung und Befolgung der schlauen Tipps gibt es keine Garantie auf einen Job. Denn – ich nenne es mal kurz so – „Glück" spielt eben auch eine nicht unerhebliche Rolle.

Ein Beispiel hierzu

Der Bewerber A ruft die Personalerin um 10:00 Uhr im Büro an und möchte sich als Kaufmännischer Mitarbeiter bewerben. Die Personalerin sagt ihm direkt ab, da es keine freien Stellen gibt. Um 10:15 Uhr meldet sich Abteilungsleiter Müller, informiert die Personalerin, dass Frau Schmidt gerade gekündigt habe und er nun Ersatz suche.

Um 10:30 Uhr ruft Bewerber B an und fragt nach Bewerbungsmöglichkeiten. „Super, bewerben Sie sich, es ist eine Stelle als Kaufmännischer Mitarbeiter zu besetzen!"

Das Resultat ist, Bewerber A ist raus, er hatte einen schlechten Raum-/Zeitfaktor.

Bewerber B ist im Prozess, er hatte Glück.

6 Personaler/Führungskräfte sind „faul" und haben keine Zeit.

Diese Aussage klingt sicher hart, ist schwarz-weiß ausgedrückt und stark überzeichnet. Aber, fehlende Zeit ist in vielen Fällen die Realität! Sowohl PersonalerInnen als auch die jeweiligen Führungskräfte sind am Auswahlprozess beteiligt. Beide, insbesondere die Führungskräfte, haben in der Regel auch noch andere, vermeintlich wichtigere Dinge zu tun, als Personal auszuwählen. Es ist gerade für Führungskräfte manchmal eine lästige Unumgänglichkeit. Deshalb muss alles schnell gehen, auf den Punkt gebracht werden, darf keine Zeit kosten.

Dieser Grundsatz ist die „Mutter aller Regeln" für mich.

Sehr viele meiner Ratschläge und Tipps basieren – auch wenn es auf den ersten Blick nicht offensichtlich ist – in letzter Konsequenz auf dieser Regel.

Daher ist dann mein Rat, machen Sie es besser so und so und nicht anders!

Weil, Personaler/Führungskräfte sind „faul" und haben keine Zeit.

7 Personalerinnen/Führungskräfte nehmen sich für das Sichten der Bewerbungsunterlage und das Führen des Interviews recht wenig Zeit.

Aus der vorgenannten Regel resultiert, dass Personaler/Führungskräfte sich für das Sichten der Bewerbungsunterlagen und die Entscheidung Einladung ja/nein nur rund fünf (!) Minuten nehmen. In dieser Zeit schauen sie sich die gesamten Unterlagen an oder besser gesagt, überfliegen sie das Anschreiben, den Lebenslauf und die Zeugnisse!

Sie als BewerberIn müssen es also in dieser kurzen Zeit schaffen, durch entsprechende Gestaltung, Hervorhebung, einen klaren, logischen Aufbau etc. die wichtigen Fakten rüberzubringen und zu überzeugen, sodass Sie eingeladen werden.

Wenn die Entscheidenden nicht ganz überzeugt sind, noch schwanken, dann ist die Entscheidung häufig keine Einladung. Warum? Richtig! Personaler sind „faul“ und haben keine Zeit. Soll ich tatsächlich eine Stunde für ein Interview opfern?

Analoges gilt für das Interview, das je nach Job(-Level) plus/minus eine Stunde dauert. Klare, präzise, auf den Punkt gebrachte Aussagen zu den relevanten Fakten machen! Darauf, wie Sie das in den Unterlagen und im Interview ausgestalten können, wird später noch detailliert eingegangen.

8 Entscheidungen der Personaler/Führungskräfte laufen „Facebook-mäßig" ab.

Beim Sichten der Bewerbungsunterlagen in den wenigen Minuten nimmt der Entscheider viele Informationen auf, die äußere Optik, den sprachlichen Ausdruck, Rechtschreibfehler im Anschreiben, das Bild, persönliche Daten, fachliche Qualifikation, Zeugnisaussagen, die Seitenanzahl etc.

Bei der Spiegelung an den gestellten Anforderungen der Stelle läuft es im Kopf der Entscheiderin, ich nenne es „Facebook-mäßig“ ab.

Gefällt mir, gefällt mir nicht! Daumen hoch, Daumen runter!

Rechtschreibfehler – Daumen runter. Bild – Daumen hoch. Kaufmännische Lehre – passt, Daumen hoch. Und so weiter …

Nach Durchsicht der Unterlagen steht es dann, ohne Strichliste, eher gefühlt aus dem Bauch, 39 Daumen hoch zu 11 Daumen runter für oder gegen Einladen zum Beispiel.

9 BewerberInnen brauchen Unterstützer, „Helferlein“ und Hilfsmittel.

Wenn Sie Ihre Unterlagen zum fünften Mal lesen, übersehen Sie dennoch den Rechtschreibfehler. Oder die Gehaltsfrage wird hin und her überlegt und man kommt zu keinem Ergebnis. Was spricht für, was gegen die Annahme dieser Stelle?

Bewerbende sind nicht unfehlbar, sie können nicht alles wissen und eine Entscheidung fällt manchmal sehr schwer. Daher sollten Sie als BewerberIn kostenfreie Unterstützung suchen und Hilfsmittel nutzen.

Ich nenne diese kostenfreien Unterstützer „Helferlein“. Dabei kann es sich um Familienmitglieder, Freunde, Bekannte, ehrenamtlich arbeitende Organisationen etc. handeln. Sprechen Sie über alle Facetten der Bewerbung, insbesondere über die Bewerbungsunterlage bzw. deren Durchsicht und das Interview mit anderen Personen. Das hilft und gibt mehr Sicherheit!

Als einfaches Hilfsmittel empfehle ich zudem „Stift und Papier“. Schreiben Sie gesammelte Informationen, Daten und Fakten auf, strukturieren Sie diese, stellen Sie ggf. Plus und Minus einander gegenüber etc. Was niedergeschrieben ist, wird nicht vergessen, es ordnet die Gedanken und unterstützt die Entscheidungsfindung.

Nach diesen für den gesamten Bewerbungprozess allgemeingültigen Grundsätzen und Regeln möchte ich nun noch auf drei Kernaussagen zum Buch insgesamt eingehen.

10 Alle Informationen/Ratschläge sind meine ganz subjektiven Aussagen.

Alles, was in diesem Ratgeber niedergeschrieben ist, sind meine eigenen Gedanken und Aussagen. Diese basieren auf meiner langjährigen Erfahrung auf beiden Seiten des Bewerbertisches, als Personaler und (indirekter) Bewerber.

Natürlich kenne ich einschlägige Bücher von Bewerbungsfachleuten, Karriereseiten und Blogs sowie Aussagen von Kollegen. Doch letztendlich ist und bleibt es meine Meinung, ohne Anspruch auf Richtigkeit. Daher werden Sie feststellen, dass meine Aussagen zum Teil erheblich von den Ratschlägen anderer BeraterInnen abweichen.

11 Es gibt keinen Anspruch auf Vollständigkeit und Wahrheit.

Dieser Grundsatz besagt, in diesen Ratgeber ist viel Wissen, in erster Linie aus eigener Erfahrung, aber auch aus Gesprächen, Rückmeldungen von Bewerbern, aus Büchern, Karriereseiten, Blogs etc., eingeflossen.

Es bleiben aber immer meine Sätze und Aussagen, oft auch bewusst ein wenig überzeichnet und schwarz-weiß dargestellt sind, um die Botschaft rüberzubringen. Sie erheben keinen Anspruch auf Vollständigkeit und Wahrheit und lassen immer auch Alternativen zu. Deshalb steht am Ende einer Aussage öfter ein „etc."

12 Grundsätzlich sind alle Menschen jeglichen Geschlechts gemeint.

Und zu guter Letzt ein Hinweis zur Gender-Thematik im Text und auf den Schaubildern. Zum leichteren Lesen habe ich mit dem Anhängsel „In" gearbeitet und mal die männliche oder weibliche Form genutzt Selbstverständlich gelten die Aussagen der Texte und Schaubilder für Personen jeglichen Geschlechts.

Im Text und den Schaubildern wird zur Vereinfachung und besseren Lesbarkeit mal die männliche, mal die weiblich bzw. In-Anhang-Form genutzt. Selbstverständlich sind immer alle Geschlechter gemeint.

Noch mal zusammengefasst. Alle „Merkwürdigen Regeln" spielen eine Rolle und sind wahrlich im Hinterkopf zu behalten! Die eine Aussage – Personaler/Führungskräfte sind „faul" und haben keine Zeit – ist für mich eine der wichtigsten. Ich wiederhole es. Sie ist der letztendliche Grund, warum es vielleicht besser ist, es so und so und nicht anders zu machen.

Und, das Bewerbungsfeld ist weit – von der jungen Azubi-Bewerberin über die einfachen ArbeiterInnen bis zur Top-Führungskraft. Es passen da nicht immer Schwarz-/Weiß-Aussagen, sondern es muss der Einzelfall immer individuell genau angeschaut werden. Individuell und situativ für sich entscheiden oder individuell beraten lassen.

Hierzu mache ich Ihnen unter Punkt 13 „Über den Autor und ein Zückerli" noch ein besonderes Angebot.

Nun aber ab in die Details! Nach einem kurzen Überblick über den gesamten Bewerbungsprozess mit den beteiligten Stellen und Personen sowie den eigenen Vorbereitungen wird der Schwerpunkt zunächst auf die **Erarbeitung der Bewerbungsunterlagen** gelegt. Dies ist die erste Hürde, die es zu überwinden gilt, d.h. auf Grund einer guten Bewerbungsunterlage dann auch eingeladen zu werden.

Und nach Eingehen auf den aktiven Suchprozesses soll die zweite Hürde, das **Bestehen im Interview** bzw. Bewerbergespräch, intensiv bearbeitet werden. Zum Abschluss wird ein Blick auf die Entscheidungsfindung und die ersten sechs Monate im neuen Job geworfen, außerdem werden in zwei Exkursen die Themen Gehaltswunsch und Zeugnisse beleuchtet. Zum guten Schluss gehören natürlich eine Zusammenfassung, mögliche weiterführende Beratungs- und Unterstützungstipps sowie Literaturhinweise.

3 Bewerbungsprozess im Überblick

Wie läuft nun der gesamte Bewerbungsprozess ab, wie sind die Rahmenbedingungen und wer ist wann und wie beteiligt? Hierzu zwei Schaubilder aus meinem Bewerbertraining, die das kurz und schematisch zeigen.

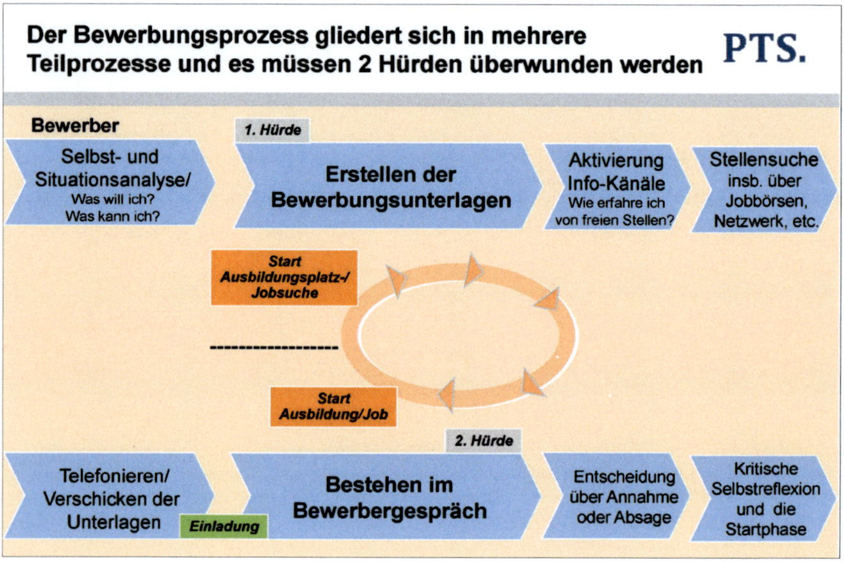

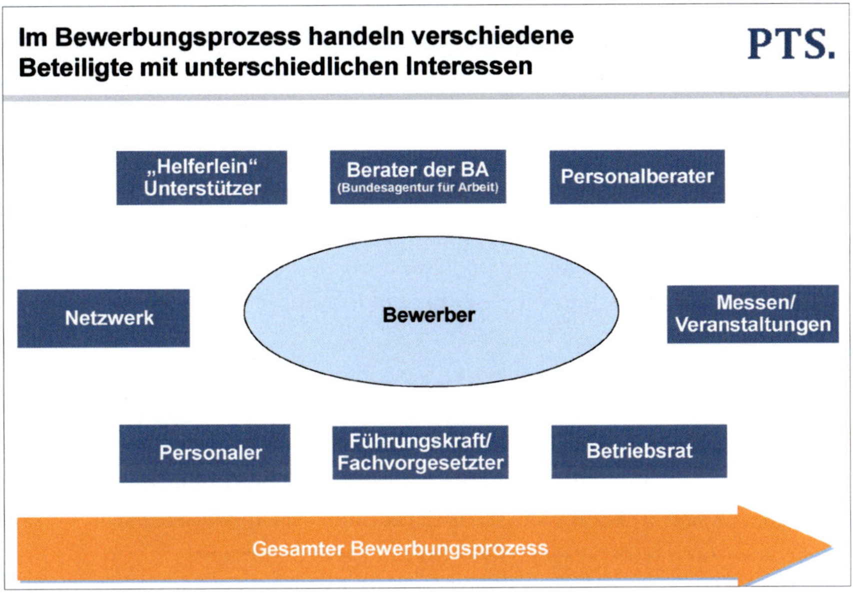

Die Phasen in Abbildung 1 sind hier idealtypisch getrennt und hintereinander dargestellt. In der Realität sind sie dagegen teilweise überlappend und wiederholend. Auf die Phasen gehe ich im weiteren Verlauf noch im Einzelnen ein. Zunächst aber Informationen zu den beteiligten Stellen und Personen im Prozess.

Die „Helferlein"

Bei den „Helferlein“ kann es sich um Familienmitglieder, Freunde, Bekannte, Mitarbeiter, ehrenamtlich arbeitende Organisationen etc. handeln. Sie können u. a. über die Bewerbungsunterlagen schauen, Ratschläge für den gesamten Prozess geben oder SparringspartnerInnen für das Üben des Interviews sein (vergl. auch Pkt. 10 Regeln).

BeraterInnen der Bundesagentur für Arbeit (BA)/PersonalberaterInnen

Als Bezieher des Arbeitslosengeldes I bzw. II sind Sie per Definition kontinuierlich in Kontakt mit Mitarbeitern der Bundesagentur für Arbeit. Aber auch als Jobsuchender, z. B. Ausbildungsplatzsuchender, Hochschulabsolventin oder Einsteiger ohne Arbeitslosengeldansprüche sollten Sie den Kontakt zur BA suchen und die vielfältigen Unterstützungsangebote wahrnehmen.

Geschäftsmäßige Personalberater, sowohl sogenannte Headhunter als auch (Out-)Placement-BeraterInnen, bieten professionelle Unterstützung an, wobei Placement-Beratung auch eine Stange Geld kostet. Die Kosten werden zum Teil von den Unternehmen, die sich trennen wollen, übernommen; der Bewerber kann sie aber auch selbst tragen und von der Steuer absetzen.

Das Netzwerk

Unter analogem Netzwerk wird mehr verstanden als nur der Bekanntenkreis. Es geht dabei um Familienmitglieder, Freunde, Bekannte, aber auch ehemalige KollegInnen, Weggefährten aus Vereinen, Organisationen etc. Sie glauben gar nicht, wie groß dieses manchmal ist. Nicht alle können bei dem Finden eines Jobs helfen. Doch zunächst gilt es, Stift und Papier zur Hand zu nehmen, zu sammeln, aufzuschreiben und zu sortieren. Wenn die relevanten Personen, die einen Beitrag zur Jobsuche leisten können, identifiziert sind, sollten diese kontaktiert und um Unterstützung gebeten werden.

Das digitale Netzwerk gewinnt daneben auch immer mehr an Bedeutung. Hier treffen sich über Karriereportale wie XING und LinkedIn Jobsuchende und Jobanbieter und deren RecruiterInnen. Wenn Sie nicht aus Datenschutzgründen etwas gegen diese Netzwerke haben, dann melden Sie sich an, erstellen oder aktualisieren Sie ein aussagekräftiges Profil und signalisieren Sie damit, dass Sie ansprechbar bzw. auf Jobsuche sind.

Messen/Veranstaltungen

Auf (Fach-)Messen und einschlägigen Veranstaltungen begegnen Sie Entscheidern und ggf. Menschen, die Sie im Bewerbungsprozess weiterbringen können. Es gibt die zielorientierten Job-Messen in verschiedensten Konstellationen und Ausprägungen, die klar auf das Finden und Besetzen von Arbeitsplätzen ausgerichtet sind. Bei Fachmessen oder Fachveranstaltungen dagegen spielt dies zwar häufig nur eine untergeordnete Rolle. Ein Besuch kann aber durchaus genau das Richtige sein. Hier sind die Branchen-/Fachleute versammelt, die im jeweiligen Unternehmen als Führungskräfte auch die (Mit-)Entscheider sind.

Daher mein Rat, solche Messen/Veranstaltungen zu besuchen, ins Gespräch zu kommen, Kontakte zu knüpfen und sich so in einen aktuellen oder späteren Besetzungsprozess einzubringen.

Die PersonalerInnen/Fach- und Führungskräfte/Betriebsräte

Über diesen Personenkreis, i. e. PersonalerInnen, Fach- und Führungskräfte der Unternehmen in der Rolle als Entscheider, ist bereits ausführlich gesprochen worden. Bei größeren Unternehmen wirkt zusätzlich der Betriebsrat, der ein Mitbestimmungsrecht bei Einstellungen hat, mit. Also zur Kenntnis nehmen, nicht erschrecken, wenn von ihm die Rede ist! In den häufigsten Fällen ist dies ein Formalakt und wirft keine Probleme auf.

Das sind wohl die wesentlichen Akteure im Bewerbungsprozess. Wie in den Grundsätzen bereits erwähnt, ist die Auflistung sicherlich nicht vollständig, aber sie gibt eine Übersicht und Orientierung über die wesentlichen Player und deren Rollen im Prozess.

4 Vorbereitung und Selbstfindung

Auch hier soll anhand eines Schaubildes eine Gesamtübersicht gegeben werden, um kurz zu erläutern, was Vorbereitung und Selbstfindung heißt.

Als BewerberIn sollten Sie sich intensiv vorbereiten, und dies **bevor** Sie Ihre Unterlagen erstellen bzw. überarbeiten und in die Interviews gehen.

Was ist also zu tun?

- Denken Sie systematisch über sich und Ihre Ziele und Kompetenzen nach!
  Hier helfen Gespräche mit Familienmitgliedern/Freunden/ Bekannten,

das stichwortartige Aufschreiben der gegebenen Situation und Lebenswelt,
das Sichten vorhandener Unterlagen wie (Arbeits-)Zeugnisse,
das Durchführen von Selbst- und Fremdeinschätzungen.

- Sammeln und analysieren Sie die Rahmenbedingungen und den Markt!
  Auch hier unterstützen Gespräche mit (Fach-)Menschen,
  das Sichten von Zeitungen/(Fach-)Zeitschriften/Internet,
  die Analyse von Stellenanzeigen und Internetbörsen,
  das Anschauen von Tarifverträgen/Gehaltsübersichten im Internet.

Sie sehen, es gibt verschiedene Möglichkeiten – die obige Aufzählung ist sicher nicht vollständig –, Informationen zu sammeln. Genau das ist wichtig, Wissen mit Daten, Fakten und Ideen über sich und den Markt zu finden, niederzuschreiben, zu durchdenken und ggf. Neubewertungen und Neuausrichtungen vorzunehmen.

Die Begriffe Kenntnisse, Erfahrung, Fähigkeiten, die im weiteren Verlauf immer wieder mal genutzt werden, werden von vielen Experten und Laien unterschiedlich verstanden und interpretiert. Daher möchte ich diese hier aus meinem Verständnis kurz abgrenzen und beschreiben.

Kenntnisse

Kenntnisse (oder auch oft als Wissen bezeichnet) werden in der Regel institutionalisiert, d. h. in Schule, Ausbildung, Studium, Weiterbildung, Training vermittelt, nimmt unterschiedliche Zeit in Anspruch (von Tagen bis Jahren) und wird in den allermeisten Fällen mit einer Prüfung abgeschlossen und einem Zeugnis/Zertifikat belegt.

Erfahrungen

Erfahrungen beschreiben Tätigkeiten/Aktionen und die Anwendung von konkretem Wissen. Durch das Tun kann man sich auch Wissen, sogenanntes Erfahrungswissen, aneignen. Dies wird aber i. d. R. nicht durch Zertifikate belegt, sondern kann nur durch die Tätigkeitserfahrung behauptet bzw. belegt (Arbeitszeugnisse) werden.

Fähigkeiten

Fähigkeiten sind nach meiner Definition die sogenannten Sozialkompetenzen, persönliche Eigenschaften oder auch Charakterzüge einer Person. Sie sind im Menschen angelegt, eher gegeben oder eher nicht vorhanden, und können durch Trainings, Lernen und Üben nur in begrenztem Maße verändert werden.

Ein Beispiel, um das Gesagte zu verdeutlichen. Ein junger Mann hat Betriebswirtschaftslehre mit Schwerpunkt Personalwirtschaft studiert. Im Verlauf des Studiums hat er sich (theoretisches) Wissen über kaufmännische Themen und die Personalarbeit angeeignet (= Kenntnisse).

Nach Studienabschluss beginnt er als Personalassistent im Personalwesen eines Unternehmens. Hier begleitet er die Personalreferentin zunächst als „Zuhörer" in Bewerbungsgesprächen, sammelt so Kenntnisse über das Führen von Interviews und führt nach einigen Monaten eigenständig Bewerbungsgespräche ohne Begleitung durch (= Erfahrungswissen und Erfahrung über Interviews und deren Durchführung).

Als angehender guter Personaler bringt der junge Mann Analysefähigkeit, Entscheidungsorientierung, Kommunikationsfähigkeit und Auftreten mit (= Fähigkeiten).

Versuchen Sie sowohl in den Unterlagen als auch im Interview „diese Kompetenzen" sauber abzugrenzen und entsprechend zuzuordnen.

Und noch ein Beispiel dazu. Wenn Sie sich intensiv selbst und mit Hilfe anderer gefragt haben „Wo sind meine Stärken und Schwächen?“ (bezogen auf Fähigkeiten/persönliche Charaktereigenschaften, nicht Fachwissen), dann wählen Sie drei bis vier wirkliche Stärken und ein, zwei wirkliche Schwächen aus. Schreiben Sie sich diese zum Merken nieder und versuchen Sie, sie mit Beispielen zu umschreiben. Das sind die Stärken und Schwächen, die Sie dann in den Bewerbungsunterlagen bzw. im Interview gleichlautend nutzen sollten.

Sind diese Vorbereitungs- und Selbstfindungsaufgaben erledigt, die hier nur in aller Kürze behandelt werden konnten, dann geht’s los.

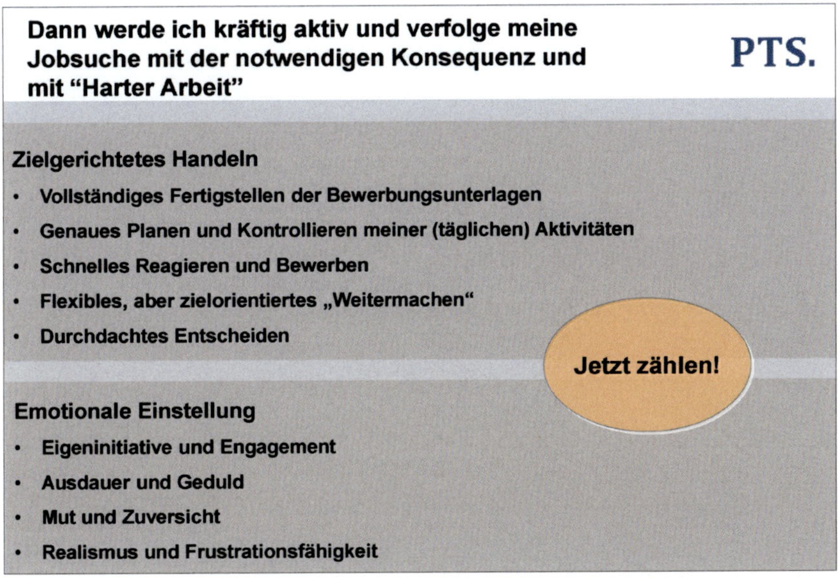

Das heißt jetzt „harte Arbeit“. Bewerben ist ein Fulltimejob, insbesondere wenn man es machen muss und konsequent ausüben will. Es kommt auf **zielgerichtetes Handeln** und eine gesunde **emotionale Einstellung** an. Das Schaubild erläutert die beiden Begriffe.

5 Bewerbungsunterlagen

Um die erste Hürde zu nehmen – Erstellen einer guten Bewerbung und damit eine Einladung zum Gespräch zu erhalten –, heißt es nun, vollständige, aussagefähige und top gestaltete Bewerbungsunterlagen zu erstellen. Das ist richtig viel Arbeit und kann schon drei bis vier ganze Arbeitstage in Anspruch nehmen. Aber das ist gut investierte Zeit. Wenn Sie Ihre Unterlagen dann einmal erarbeitet haben und meinen Tipps und Ratschlägen folgen, dauert das Individualisieren und Raussenden einer Bewerbung per Mail nicht mehr als 15 bis 20 Minuten.

Eine Bewerbung besteht in der Regel aus drei Komponenten oder Dateien, dem **Anschreiben**, dem **Lebenslauf** und den **Zeugnissen.** Das wird „vollständige Bewerbungsunterlagen" oder auch „aussagefähige Unterlagen" genannt. Darüber hinaus gibt es weitere Elemente, die für mich jedoch Teil der drei oben genannten Dateien sind.

Hier zunächst einmal alle Elemente im Überblick, auf die im weiteren Verlauf noch im Detail eingegangen wird.

- Anschreiben/Motivationsschreiben
- Deckblatt
- Bild/Foto
- Lebenslauf/Curriculum Vitae (CV)
- Die „Dritte Seite" (Zusatzseite in Spezialfällen)
- Zeugnisse/Zertifikate
- Arbeitsprobe (in Sonderfällen)
- Die vollständige Bewerbungsmappe
  (Mappe für Papierform/E-Mail für elektronische Form)

Mein Rat ist, sich elektronisch drei Master-Dateien anzulegen und diese Dateien auch so zu benennen. (Anschreiben_Paul Panther/Lebenslauf_Paul Panther/Zeugnisse_Paul Panther)

Das Anschreiben muss – hier gilt tatsächlich muss – zumindest in Teilen immer individualisiert und auf die jeweilige Stelle bzw. Bewerbung ausgerichtet werden. Der Lebenslauf, wenn Sie meinen Ratschlägen zum Lebenslauf folgen, muss einmal im Monat „angefasst“ und geändert werden, und die Zeugnisdatei ändert sich, wenn kein Zeugnis hinzukommt, im gesamten Bewerbungsprozess nicht. Diese Aussagen werden verständlicher, wenn Anschreiben-, Lebenslauf- und Zeugnis-Datei weiter unten erläutert worden sind.

Bevor wir uns den Einzeldateien zuwenden, noch ein Rat zum Gesamtumfang der Bewerbungsunterlagen. Sie sollten nicht mehr als rund 12 bis 15 Seiten umfassen!

Eine Seite Anschreiben, ca. zwei bis vier Seiten Lebenslauf, dann bleiben für die Zeugnisse rund zehn Seiten. Beherzigen Sie das.

Ich erinnere wieder an die „Mutter aller Regeln“ und **bringe ein Beispiel.**

Ein Bewerber kam in die Beratungsstunde, der Grund war, er hatte rund 40 Bewerbungen verschickt und überhaupt keine Rückmeldung bzw. nur Absagen erhalten. Ich bat ihn, mir seine Unterlagen zu geben. Als er diese aus der Tasche holte und mir gab, traf mich der Schlag. Das war keine Bewerbungsmappe, sondern eher ein Buch. Die Bewerbung umfasste tatsächlich 60 – in Worten: sechzig – Seiten!

Meine spontane Reaktion war – „Ich kann Ihnen sagen, warum Sie keine Rückmeldung erhalten und nicht eingeladen werden. Diese Unterlagen schaut sich keiner an, sondern es wird sofort abgesagt. Wo soll ich anfangen, wo sind die relevanten Informationen, wie soll ich das in fünf Minuten lesen?“ Der Bewerber meinte zwar, alles sei wichtig, er könne nichts weglassen, gemeinsam haben wir die Bewerbung aber zumindest auf 18 Seiten reduziert.

1 Das Anschreiben – Die erste Datei

Beim Anschreiben, der ersten Seite der Bewerbung, ist auf Äußerlichkeiten, Formulierung und Inhalte zu achten. Es hat die Form eines Geschäftsbriefes, und es gibt dafür sogar eine Norm, DIN-Norm 5008. Schauen Sie sich diese im Netz an! Sie erhalten allgemeine Tipps zu Geschäftsbriefen, aber auch gezielte Hilfen für Ihr Anschreiben.

- **Äußerlichkeiten** – Das Anschreiben ist
  - auf einem DIN-A4-Blatt, weiß, 80g gedruckt, sauber und ungeknickt (Old-fashion-Papierbewerbung)
  - nicht länger als eine Seite
  - in gut leserlicher/gängiger Schrift ohne grafische Elemente geschrieben
  - in nicht zu großer bzw. kleiner Schriftgröße formuliert
  - übersichtlich aufgebaut und mit Absätzen gegliedert

- **Formulierungen** – Das Anschreiben sollte
  - in sachlich prägnanter Form und klarer Sprache formuliert sein
    (keine Umgangssprache, Modeworte, Floskeln, Abkürzungen)
  - kurze Sätze beinhalten (keine Schachtelsätze)
  - im Ton freundlich und höflich klingen
    (keine steifen Formulierungen)
  - im Aktiv geschrieben und mit Verben versehen sein

- **Inhalte** – Das Anschreiben beinhaltet in der Regel die Punkte
  - Name und Adresse des Bewerbers und des Unternehmens
  - Aktuelles Datum
  - Betreffzeile mit Bezugnahme/Kennziffer/Quelle bzw. Fundort der Anzeige
  - Anrede mit Namen, wenn bekannt; sonst „Sehr geehrte Damen und Herren“
  - Einstiegssatz, der Bezug herstellt und/oder Aufmerksamkeit weckt

- Kurzbeschreibung der eigenen Person mit Überblick über Ausbildung, Abschlüsse, Berufserfahrung, Kenntnisse, Persönliche Merkmale/Fähigkeiten/Charaktereigenschaften
- Gehaltswunsch und möglicher Beginn; nur, wenn danach gefragt wurde
- Hinweis/Aussage zu einer Einladung zum Vorstellungsgespräch
- Grußformel mit Vor- und Nachnamen

Erstellen Sie ein **Masteranschreiben** mit Platzhaltern für die Punkte Namen, Datum, Betreff, Anrede, Einstiegssatz. Diese Punkte müssen Sie natürlich bei jeder Bewerbung individuell formulieren.

In der Kurzbeschreibung der eigenen Person reden Sie am besten nur über sich. Beschreiben Sie das, was Sie gemacht haben, was Sie wissen, können und in welchem Bereich Sie Erfahrung besitzen.

Im Schlussteil mit fixem Hinweis auf Einladung, Grußformel und Name ist bei jeder Bewerbung separat zu prüfen, ob der Satz mit Gehaltswunsch und möglichem Beginn aufgenommen wird oder nicht. Machen Sie auf jeden Fall Aussagen dazu, wenn in der Anzeige danach gefragt wurde; ansonsten weglassen.

Gedanken zu Ihrer Frage „Ja, was für ein Gehalt gebe ich denn an? Wie entkomme ich der Gefahr, mich unter Wert zu verkaufen bzw. durch eine bestimmte Höhe bereits sofort aussortiert zu werden?“ beantworte ich im separaten Kapitel Exkurs 2 – Gehaltswunsch.

Die Kunst beim Anschreiben liegt in der Balance zwischen einerseits Interesse zu wecken und anderseits erst mal nur Informations-Häppchen hinzuwerfen, damit der Entscheider Lust hat, sich die weiteren Unterlagen genauer anzusehen, und dem Vermeiden, bereits zu viel zu sagen bzw. Details zu verraten, sodass der Entscheider meint, passt ja nicht, nicht einladen.

Konsequenz – auf den Stapel C, direkte Absage.

In den Aussagen zum Anschreiben unterscheide ich mich wesentlich von vielen Bewerbungsberatern. Ich rate strikt zu einem „herkömmlichen“ Anschreiben, mit den oben genannten Punkten und „typischen Formulierungen“.

Im Gegensatz dazu sagen viele BeraterInnen, Sie müssen sich über das Unternehmen genau schlau machen, das Anschreiben immer ganz individuell auf die jeweilige Stelle, auf das Unternehmen ausrichten, mit Lobhudelei für das Unternehmen versehen („Ich kenne XY als führendes Unternehmen im Feld von …“), für sich als bestens geeigneten Bewerber werben („Ich bin die Richtige für Ihre Stelle …“) und auf in der Stellenanzeige gewünschtes Wissen/gewünschte Erfahrungen eingehen („Sie suchen einen engagierten, teamorientierten Mitarbeiter, ich bin …“) etc.

Wenn Sie das tun, dann benötigen Sie für die Erstellung des Anschreibens tatsächlich ein bis zwei oder gar mehr Stunden. Dies wurde mir in Beratungsgesprächen mit Bewerbern auch so bestätigt.

Tun Sie es nicht! Aber warum nicht?

Zum einen, die EntscheiderInnen nehmen sich rund fünf Minuten für die gesamte Bewerbung.

Was bleibt da an Zeit für das Anschreiben, 30 Sekunden? Und dafür drei Stunden Arbeit!?

Zum zweiten besitzt das Anschreiben für mich nahezu null Informationsgehalt. Ich bräuchte gar keins, und mittlerweile sagen das auch immer mehr Unternehmen bzw. PersonalerInnen.

Warum null Informationsgehalt? Ich weiß um die Aussagen von Bewerbungsberatern, wie oben geschildert; damit ist das Anschreiben „aufgesetzt“ und wenig authentisch. Die meisten Informationen im Anschreiben lese ich noch einmal im Lebenslauf oder in den Zeugnissen; sie sind also doppelt, redundant, Zeitstehler. Und was dann noch über die eigene Person drinsteht („Ich bin ehrlich, fleißig und teamfähig ...“), muss ich glauben und kann ich nur im Interview zu überprüfen versuchen.

Damit ist das Resultat für mich, der Informationsgehalt des Anschreibens nahe NULL!

Aus den genannten Gründen ist mein Rat, ein Masteranschreiben im oben dargestellten Sinn zu erstellen und sich damit in die Mitte zwischen den Extremmeinungen „Brauch ich nicht/ Information gleich null“ und „Ganz wichtig, ganz individuell“ zu platzieren. Dann sind Sie mit dem Anschreiben höflich und geschäftsmäßig, Sie stellen sich selbst dar, es wirkt damit individuell und der Aufwand zur Erstellung hält sich in vernünftigen Grenzen. Das ist insbesondere dann wichtig, wenn man viele Bewerbungen schreiben muss. Und gleichgültig, ob Sie sich beim Supermarkt um die Ecke als Kassierer oder bei einem Großunternehmen als Kaufmännische Angestellte bewerben, das Anschreiben passt, Sie reden ja nur über sich.

Jetzt muss ich aber doch noch eine Einschränkung machen und einen Tipp geben.

In der Personalwirtschaft unterscheidet man Muss-, Soll- und Kann-Anforderungen in einer Stellenanzeige. Wenn Sie in einer Anzeige lesen „Zwingende Voraussetzung ist, wir setzen voraus, oder Ähnliches“, dann ist das (wohl) eine Muss-Anforderung. Dann sollten Sie die genannte Voraussetzung, zum Beispiel verhandlungssicheres Englisch, in das Anschreiben mit aufnehmen, wenn darüber standardmäßig nichts in Ihrem Anschreiben enthalten ist.

Gibt es also wichtige, zwingende Punkte in der Anzeige oder gerade für eine Initiativbewerbung Themen, die im Anschreiben diesmal erwähnt werden sollten, ist eine Überprüfung angeraten. Kleinere Ergänzungen und Veränderungen des Masteranschreibens sind dann aber nicht die Welt.

2 Der Lebenslauf – Die zweite Datei

Der Lebenslauf ist das Kernstück Ihrer Bewerbung. Hier sollten alle relevanten Informationen, die für Ihre Bewerbung wichtig sind, enthalten sein. Wie oben bereits erwähnt, gehören für mich auch das Deckblatt, das Bild und die mögliche Dritte Seite in diese Datei. Ich werde aber einzeln auf die Elemente eingehen.

Ein Wunsch für die Lebenslaufdatei: Zur eindeutigen Identifizierung – was macht der Personaler, wenn mal fünf Bewerbungen auf den Boden gefallen und die Einzelblätter verteilt sind? – ist eine Kopf- oder besser Fußzeile mit eindeutiger Benamung und ggf. Seitennummer hilfreich.

Das Deckblatt

Für mich gehört das Deckblatt klar zum Lebenslauf; es ist die erste Seite dieser Datei. Einige BeraterInnen sehen es als wirklich separates (Verkaufs-)Element und befürworten daher, es in der Reihenfolge der Bewerbungsunterlagen vor das Anschreiben zu platzieren.

Das Deckblatt ist nicht zwingend, hat sich aber sehr stark durchgesetzt. Gerade in gehobenen Funktionen und „Bürojobs“ ist es nahezu unerlässlich. Da es als individuelle Verpackung und persönliches Darstellungs- und Verkaufselement angesehen wird, können Sie hier Ihrer Kreativität freien Lauf lassen und es individuell gestalten.

In der Regel befindet sich die Formulierung „Lebenslauf“ oder „Bewerbung“ in größerer Schrift als Überschrift auf dem Deckblatt. Diese neutralen Begriffe sind vorteilhaft, da Sie den Lebenslauf dann nicht jedes Mal separat anpacken und anpassen müssen. Das ist so zum Beispiel bei der Überschrift „Bewerbung als …/ bei …“ notwendig und kostet Zeit.

Dann gehört das Bild auf das Deckblatt. Als das Deckblatt noch nicht in Mode war, kam das Foto als Passbild oben rechts in die Ecke des Lebenslaufs. So geht es heute auch, wenn Sie kein Deckblatt nutzen wollen. Die Passbildgröße reicht aber nicht für das Deckblatt; da sollte es größer sein. Es kann mittig, rechts, links, quergezogen, längsgezogen platziert werden.

Des Weiteren sind der Vor- und Zuname und die persönlichen Kontaktdaten mit Anschrift und Telefonnummern aufzuführen. Dies wird häufig unterhalb des Bildes platziert, nach dem Motto „Schaut her, das bin ich!“.

Überschrift, Bild und Name mit Kontaktdaten sind wohl die zwingend notwendigen Angaben auf dem Deckblatt. Sonst macht es keinen Sinn.

Darüber hinaus können jedoch auch noch die Angaben zu „Persönliches“, die als Kapitel in der Regel am Anfang des eigentlichen Lebenslaufes stehen, auf das Deckblatt aufgenommen werden. Up to you! Ich rate, es davon abhängig zu machen, wie Sie mit dem Platz, sprich Blattbedarf für die Gesamtdatei Lebenslauf, hinkommen.

Ich bin ein Fan der Symmetrie und Ausgewogenheit. Treffen Sie daher die Entscheidung, ob Deckblatt mit oder ohne „Persönliches“ erst, nachdem der Lebenslauf gesamt erstellt ist und die Seiten durch Schieben ausgewogen voll belegt werden. Zu „Persönliches“ komme ich im Detail gleich noch.

Und einen weiteren Infoteil können Sie aufnehmen, der aber wird in der Regel nur für gehobene Managerfunktionen genutzt, das ist der Block „Das bin ich!“. In vier, fünf Punkten zusammengefasst und überblickartig wird mit Aufzählungspunkten aufgeführt, was Sie zu bieten haben, welche Kenntnisse, Erfahrungen und Fähigkeiten, sauber abgegrenzt, Sie mitbringen. Achten Sie bitte darauf, dass Sie hier nicht andere Fähigkeiten aufführen als ggf. im Anschreiben bereits erwähnt oder die Sie dann im Interview als Ihre Stärken nennen werden!

Das Bild

Ein Bild sagt mehr als tausend Worte, den Spruch kennen Sie. An sich ist es heute nicht mehr zwingend, es wird aber vielfach noch erwartet. Daher rate ich dazu, ein Bild beizufügen.

Ein Beispiel. In Trainings wird von Bürgerinnen mit muslimischem Glauben häufig gefragt, ob sie ein Bild mit Kopftuch beifügen sollen. Auch da mein Rat, wenn es für die Bewerberin entscheidend ist, das Tuch auch im Job zu tragen, dann ist es wohl besser, mit offenen Karten zu spielen und ein entsprechendes Foto beizulegen. Wenn das Bild nicht dabei ist, fragt sich der Entscheider ggf., was die Bewerberin zu verbergen hat. Hat er dann genügend andere Bewerber vorliegen, sind Sie vielleicht deswegen raus.

Da ein Foto auf dem Deckblatt den ersten Eindruck stark beeinflusst, mithin Sympathie und Antipathie wecken kann, sollte es den Kandidaten in ein vorteilhaftes Licht rücken und selbstredend der Bewerbungssituation angemessen sein. Was bedeutet das?

Mein dringender Rat ist, zu einem guten Fotografen zu gehen, zwei, drei Bilder mit ggf. unterschiedlicher Bekleidung anfertigen zu lassen und dann bewusst das beste auszuwählen. Das bedeutet für Sie – leider – etwas mehr Geld in die Hand zu nehmen, aber es ist gut investiert. Ich weiß, wie es in Personal- und Fachabteilungen zugeht, wie auf das Bild geschaut wird und damit indirekt bereits Einlade-Entscheidungen vorweg getroffen werden.

Sie sollten zudem darauf achten, dass es ein relativ aktuelles Bild ist, damit die Abweichungen beim persönlichen Erscheinen zum Interview nicht zu frappierend sind. Sie können nichts für „Ihr Aussehen“, aber ein guter Fotograf kann Erstaunliches schaffen.

Ein **Beispiel aus der Praxis**. Eine Dame, Anfang 40, kam zu mir in die Beratung. Ich sah das Bild, und mein spontaner erster Eindruck und dann meine „böse" Aussage waren „Mit dem Bild brauchen Sie sich nicht zu bewerben; damit bekommen Sie keinen Job …"

Mein Rat – siehe oben!

Bei dem zweiten Treffen kam sie mit einem neuen Deckblatt und Bild. „Wow!", war meine spontane Reaktion. Die Dame hat, sicher nicht nur, aber auch wegen des Bildes ihren „Traumjob" gefunden. Ich kann es nicht beweisen, bin aber nahezu sicher, dass sie mit dem anderen Bild nicht eingeladen worden wäre.

Der Lebenslauf im engen Sinne

Kommen wir nun zum eigentlichen Lebenslauf. Dieser wird heute zum einen in Blöcke oder Kapitel, wie ich es auch nenne, gegliedert und zum zweiten eher achronologisch verfasst.

Was unter achronologisch verstanden wird, erkläre ich weiter unten. Beginnen wir zunächst mit den Blöcken.

Bei der Bezeichnung der Blöcke, die die entsprechenden Inhalte festlegt, hat sich Folgendes durchgesetzt:

- Persönliches bzw. Persönliche Daten
- Berufserfahrung bzw. Beruflicher Werdegang
- Zivil-/Wehrdienst/Ausbildung/Studium/Schule (ggf. noch mal unterteilt)
- Weiterbildung
- Besondere Kenntnisse bzw. Zusatzqualifikationen
- Besonderheiten bzw. Hobbies, Ehrenamt

Damit werden bereits die Reihenfolge und der achronologische Aufbau des Lebenslaufs vorgezeichnet. Was bedeutet denn im Detail chronologisch/achronologisch, und warum diese oder jene Reihung?

In der „alten Form“ vor rund 15/20 Jahren war die chronologische Aufzählung Standard. Es wurde mit Persönlichem begonnen, dann kamen Schule, Zivil-/Wehrdienst, Ausbildung/Studium und zum Schluss Berufserfahrung, -tätigkeiten.

Achronologisch bedeutet, dass mit dem Aktuellsten, d. h. dem Status bzw. der aktuellen Beschäftigung, direkt nach dem Persönlichem begonnen wird.

Warum? Na klar, Personaler sind „faul“ und haben keine Zeit und wollen sich beim ersten Check nicht durch viele „alte Daten“ mühen, um erst zum Schluss das vermeintlich Wichtigste zu erfahren. Deshalb hat sich die achronologische Form durchgesetzt und wird nahezu einhellig propagiert.

Ein Beispiel. Der Entscheider sucht einen Autoverkäufer für BMWs. Er liest im Kapitel Berufserfahrung „Seit 2015 Senior-Verkäuferin für BMWs bei XY“, sagt „die ist's“ und legt sie auf den Stapel A-Bewerbungen, ohne weiterzulesen.

Zur Erläuterung – In der Personalwirtschaft wird beim Recruiting von der ABC-Analyse gesprochen. Liegen viele Bewerbungen vor, so kategorisiert man diese zunächst nach:

A: passt ausgezeichnet, Einladung
B: nicht schlecht, aber abwarten
C: passt gar nicht, Absage

Nun gibt es ja, wie Sie wissen, kein Richtig oder Falsch im Bewerbungsprozess.

Daher vertrete ich auch nicht die Absolutheit der achronologischen Form und besitze damit eine andere, abweichende Meinung als die Mehrheit der BeraterInnen.

Ich rate gerade Personen, die beim aktuellen Status nicht so positiv dastehen, weil sie schon ohne Job sind, bereits länger arbeitslos, der aktuelle Job nicht so hundertprozentig passt, wegen besonderer Lebensumstände derzeit eine Pausenzeit haben etc., doch den chronologischen Lebenslauf zu nutzen! Wenn Sie gerade zu Beginn bis nahe an die aktuelle Zeit heran einen gradlinigen Werdegang besitzen, spricht vieles dafür, einen Lebenslauf chronologisch aufzubauen.

Auch hier ein Beispiel. Ein Bewerber, Ende 30, hat Abi gemacht, BWL mit Schwerpunkt Banken erfolgreich abgeschlossen, Praktika absolviert, dann 1. Job Bank A, 2. Job Bank B, 3. Job Bank C, im Rahmen der Finanzkrise ausgeschieden, rund vier Jahre in Selbständigkeit Ersatzteile von Oldtimer-Autos verkauft.

Nun möchte er wieder in ein Beschäftigungsverhältnis bei einer Bank zurückkehren.

Was liest der Personaler in der Bank im achronologischem Lebenslauf nun als Erstes?

„Seit 2010 bis heute Verkauf von Ersatzteilen für Oldtimer." Wie ist möglicherweise die spontane Reaktion? „Herrje, was ist das denn?" Sofort Kategorie C, absagen!

Mein Rat in dem Fall war, eine chronologische Form zu nutzen! Ja, der Personaler muss erst viel, aber „Gutes und Passendes" lesen, ist positiv gestimmt, paarmal Facebook-Daumen hoch beim Lesen, passt, passt, passt. Na, und dann hat er in der Krise halt Pech gehabt und mal etwas anderes versucht … Kategorie A, einladen!

Und ein drittes Beispiel. Wenn Sie Ihre persönlichen Daten am liebsten nicht angeben möchten, weil Sie z. B. schon Anfang fünfzig sind und denken, „bei dem Alter werde ich sofort aussortiert" – In den Fällen rate ich dazu, das Kapitel „Persönliche Daten" nicht prominent am Anfang, sondern nur kurz, vielleicht nur mit einer Zeile am Ende des Lebenslaufes zu platzieren. „Persönliches: 52 Jahre, verheiratet, zwei Kinder"

Überlegen Sie sich genau, was aufgrund Ihrer Lebenssituation, Ihres Werdegangs und Ihrer Botschaften, die Sie rüberbringen wollen, am sinnvollsten ist, und folgen Sie nicht blind der Aussage, die achronologische Form ist Standard und zwingend vorgegeben.

Nach den Blöcken und der Reihenfolge ein paar weitere Gestaltungselemente.

Der Lebenslauf

- kann optisch „kreativ“ gestaltet werden
  (sauber gliedern, klare Blöcke setzen, unterstreichen und unterschiedliche Schriftgrößen nutzen, Fettschrift zum Hervorheben verwenden, Aufzählungen mit Unterpunkten versehen, Zeitangaben in Zahlenform vornehmen und nicht Monatsnamen ausschreiben)
- vermeidet Worttrennungen mit Zeilenwechsel und versucht Sinnzusammenhänge nicht mit dem Zeilenwechsel zu zerreißen
- ist sinnvollerweise so formatiert, dass sich die Aussagen auf die Seiten verteilen und den verfügbaren Platz gut nutzen
- nimmt den Seitenwechsel, wenn eben möglich, nicht innerhalb der thematischen Blöcke, sondern mit dem Blockwechsel vor
- muss in Daten und Fakten identisch mit Anschreiben und insbesondere mit den Zeugnissen sein
- sollte ehrlich verfasst sein (Lücken umschiffen, Brüche glätten bzw. nachvollziehbar erklären)

Auf zwei Details, die miteinander verbunden sind, möchte ich noch konkreter eingehen, auf Übersichtlichkeit/Strukturiertheit und Länge/Umfang.

Die EntscheiderInnen möchten den Lebenslauf, der ja die wesentlichen Informationen beinhaltet, schnell erfassen und nachvollziehbar begreifen. Das bedeutet, der Umfang sollte überschaubar sein (zwei bis drei Seiten exklusive Deckblatt), er sollte nicht zu langatmig und detailliert (Einzelstationen bzw. Zeiten zusammenfassen), dafür aber klar strukturiert und gegliedert sein.

Die oben ausführlich dargestellten Kriterien helfen dabei, ich möchte das aber auch an einem Beispiel verdeutlichen.

Das Beispiel. Ein Bewerber hat im Ausland Abitur gemacht, dann drei Jahre studiert, ist über ein Stipendium nach Berlin gekommen, dort einige Jahre geblieben, hat somit sein Präsenzstudium unterbrochen, hat verschiedenste Jobs bei verschiedenen Arbeitgebern über kurze Zeiträume gemacht, ist dann ins Heimatland zurückgekehrt, hat wieder verschiedene Jobs/Arbeitgeber gehabt, das Studium parallel fortgeführt und beendet und sucht jetzt einen Job in München.

Ein Lebenslauf mit jeder Einzelstation, sehr vielen Details dazu, den häufigen Wechseln ist „schwer zu begreifen" und wirft Fragen auf, insbesondere wenn die Informationen nicht chronologisch sondern achronologisch und noch dazu in unterschiedlichen Blöcken dargestellt sind.

Deshalb war in diesem Fall auch mein Rat, den Lebenslauf chronologisch zu schreiben, Zeiten und Jobs zusammenzufassen und insgesamt Details zu reduzieren. Damit konnte die gewünschte Länge und eine bessere Strukturierung erzielt werden.

Es gibt aber auch noch eine andere Lösung. Auf die gehe ich nach den Informationen zur „Dritten Seite" ein.

Zum Ende des Lebenslaufes rate ich, noch mal den Vor- und Zunamen sowie eine Zeile darunter Ort mit Monats- und Jahresangabe aufzuführen. Warum?

Einmal sollen nach DIN-Norm alle Dokumente eine Angabe über VerfasserIn, Ort und Zeit besitzen; ein Formalgrund. Darüber hinaus möchten Sie jedoch, dass Ihr Name hängen bleibt, der Entscheider das Gelesene positiv mit Ihnen in Verbindung bringt und Sie einlädt.

Und wenn Sie diesem Rat folgen und nicht das aktuelle Tagesdatum, sondern nur den Monat angeben, müssen Sie den Lebenslauf nur einmal im Monat, zu Monatsbeginn, anfassen und ändern. Das erleichtert und beschleunigt Ihre Bewerbungsaktivitäten.

Die „Dritte Seite"

„Was ist das denn?", werden sicherlich einige von Ihnen fragen. Die Dritte Seite heißt so, da bisher keinem ein wirklich guter Name eingefallen ist, und man – vereinfacht – durchgezählt hat. Eine Seite Anschreiben, eine Seite Lebenslauf und dann kommt die Dritte Seite.

Sie dient sozusagen als Ergänzung zum Anschreiben (1. S.) und zum Lebenslauf (2. S.).

Ich betrachte diese jedoch eindeutig als Teil des Lebenslaufes und nicht als separate Datei.

In der Regel umfasst sie nur eine Seite und wird als letztes Blatt im Lebenslauf platziert.

Sie ist nicht zwingend und sollte nur in Spezialfällen genutzt werden. Wenn im Anschreiben und Lebenslauf alles gesagt ist, besteht ansonsten die Gefahr, in der Dritten Seite nur langatmig zu wiederholen. Und das mögen PersonalerInnen nicht wirklich … vergleiche Regel 6!

Es gibt nun aber tatsächlich spezielle Gründe, diese Dritte Seite zu nutzen und damit jeweils unterschiedliche Zielsetzungen zu verfolgen.

- So kann es sein, dass Sie Ihre besonderen Qualifikationen oder Erfahrungen sinnvollerweise noch mal kurz und prägnant zusammenfassen bzw. hervorheben wollen.
- Oder Sie möchten Ihren Lebensweg, der vielleicht nicht gradlinig war, erläutern, übersichtlich machen und Begründungen für bestimmte Entscheidungen geben.
- Es mag sein, dass Sie eine besondere Motivation antreibt und Sie diese schon in den Unterlagen deutlich zum Ausdruck bringen möchten.

- Sie wollen Besonderheiten/Tatsachen unterschiedlichster Art mitteilen, die aber das Anschreiben sprengen würden und im Lebenslauf nicht passend untergebracht werden können.

Die Dritte Seite beinhaltet also weitere Informationen zu Ihrer Person und kann daher vielleicht helfen, den Entscheider zu überzeugen, Sie doch einzuladen.

Passen Sie die Seite in der Optik und Gestaltung dem Lebenslauf an; auch kann sie „kreativ" und individuell gestaltet werden.

- Mit der Überschrift Neugier und Interesse wecken
- Klare Gliederung, Einrücken, Blocksetzung, Fettschrift, Schriftgröße etc. nutzen
- Ehrlich verfassen (kein „Blabla")
- Neue, zusätzliche Informationen bieten und nicht nur Inhalte des Anschreibens und Lebenslaufs wiederholen

Auch hierzu ein kleines Beispiel. Für unser Traineeprogramm in den Nuller-Jahren haben wir ca. 400 Bewerbungen von Hochschulabsolventen erhalten. Bei rund 200 davon fanden wir eine Dritte Seite. Es gab darauf unter der Gesamtüberschrift

„WAS SIE ÜBER MICH WISSEN SOLLTEN ..."
zwei Absätze mit den Überschriften
„Über meine Motivation" und „Über mich"
In jeweils fünf bis sieben Zeilen gab es dann persönliche Informationen.

Das wirkte nicht gerade kreativ und authentisch; war dazu bald langweilig, weil nahezu identische Formulierungen genutzt wurden. Wahrscheinlich hatte ein aktueller Artikel oder ein Buch eines Bewerbungs-Coaches Hochschulabsolventen geraten, solch eine Dritte Seite zu nutzen, um die eigene Motivation gezielt rüberzubringen.

Ein anderes Beispiel, wo die Dritte Seite hilfreich sein kann. Weiter oben am Ende des Teils „Lebenslauf im engen Sinne“ ist das Beispiel eines „komplexen“ Lebenslaufs dargestellt.

Der Bewerber wollte meinem oben gegebenen Rat nicht folgen und Aufbau, Umfang und Detailliertheit reduzieren. Daher nutzte er als Alternative eine Dritte Seite mit einer prosaähnlichen Zusammenfassung über den chronologischen Ablauf und kurzen Begründungen. Dies liefert für den Entscheider die notwendige Reduktion der Komplexität.

Damit ist die gesamte zweite Datei, der Lebenslauf, besprochen. Sie müssen nun je nach der individuellen Lebenslage, den persönlichen Gegebenheiten und den Wünschen und Bedürfnissen IHREN Lebenslauf erarbeiten.

3 Die Zeugnisse – die dritte Datei

In die dritte Datei gehören Dokumente, die Ihre Kenntnisse, Ihre Erfahrungen und Fähigkeiten beschreiben und belegen. Es kann sich dabei um Zeugnisse, Zertifikate, Bescheinigungen, Referenzschreiben etc. handeln. Ich fasse all dies unter dem Begriff Zeugnisse zusammen.

Zeugnisse
- geben Auskunft über Leistungsvermögen und (Prüfungs-) Ergebnisse
- beschreiben Aufgaben, Verhaltensweisen und Fähigkeiten
- erhält man über die Ausbildung (Zeugnisse Schule, Berufsausbildung, Studium etc.),
  vom Arbeitgeber (Arbeitszeugnis, Praktikumszeugnis, Referenz) und über Weiterbildungen (Zertifikate, Bescheinigungen)

Die Zeugnisse sollten in einer logischen Gliederung, d. h. am besten in der Reihenfolge wie der Lebenslauf aufgebaut ist (chronologisch/achronologisch), beigefügt werden.

Zu Beginn des Kapitels „Bewerbungsunterlagen“ habe ich geraten, dass der Gesamtumfang 12 bis 15 Seiten nicht überschreiten sollte. Da Sie also rund 10 Seiten für Zeugnisse zur Verfügung haben und manche Zeugnisse zwei bis drei Seiten umfassen, sollten Sie sich einmal entscheiden, welche Zeugnisse in Ihre Zeugnisdatei aufgenommen werden.

Was ist wichtig, besitzt Aussagekraft und Relevanz, was ist aktuell bzw. schon lange her, was steht als Aussage bereits im Lebenslauf? Was lege ich bei, wo mache ich ggf. den nachvollziehbaren Schnitt und lasse weg?

Diese Überlegungen sind von Bewerbergruppe zu Bewerbergruppe sehr unterschiedlich, ob Sie nun bereits ein erfahrener Berufstätiger sind, nach Studienabschluss einen Jobeinstieg suchen, sich um einen Ausbildungsplatz bewerben, als ausländische Mitbürgerin in Deutschland arbeiten möchten oder nach Familienzeit oder Selbständigkeit den Wiedereinstieg in eine Festanstellung suchen etc.

Hier kann nicht bis ins Detail auf jede Gruppe separat eingegangen werden, sondern es sollen nur die „allgemeinen Überlegungen“ dargestellt werden.

Wenn Wichtigkeit, Aussagekraft und Aktualität entscheidende Kriterien sind, ergibt sich logischerweise, dass Sie Ihre Zeugnisse von Arbeitgebern (Arbeitszeugnisse/Praktikantenzeugnisse) auf jeden Fall beilegen sollten. Haben Sie noch „Spielraum“, dann fügen Sie auch Ihren Studien-/Berufsabschluss bei.

Dieses Abschlusszeugnis ist bei Jobeinsteigern nach Weiterbildung, Studium bzw. Berufsabschluss natürlich zwingend geboten. Und vielleicht auch noch ein „wichtiges“ Praktikumszeugnis beifügen? Wichtig deshalb, weil es einen längeren Zeitraum (nicht nur vier Wochen) umfasst, es ausführlich(er) ist und auch konkrete Aussagen beinhaltet.

Ja, tun Sie es.

Grundsätzlich kann man sagen: Besitzen Sie viele Zeugnisse, lassen Sie unwesentliche weg und erwähnen die Tatsachen hierzu nur im Lebenslauf. Haben Sie dagegen eher wenige Zeugnisse, dann fügen Sie auch mal scheinbar nicht so wichtige bei.

Beispiele zu den Zeugnis-Überlegungen

Beispiel 1. Das Abi-Zeugnis, beilegen oder nicht? Eine Frage, die häufig diskutiert wird.

Es ist sicher sinnvoll, es beizulegen, wenn Sie noch „jung" sind, wenige Zeugnisse besitzen und noch Spielraum bis zur Maximalzahl haben. Nein, nicht sinnvoll, wenn Sie „älter" sind, mehrere Arbeitszeugnisse besitzen und dazu Ihr Ausbildungsabschluss/Studienabschluss beiliegt. Dann reicht es natürlich, wenn Sie im Lebenslauf im Kapitel Schulausbildung „Gymnasium mit Abschluss Abitur" und ggf. die Gesamtnote erwähnen.

Bei unserer bereits erwähnten Trainee-Auswahl hatten einige HochschulabsolventInnen ihr Abi-Zeugnis nicht beigelegt, beigefügt war aber zum Beispiel eine Bescheinigung über einen Zwei-Tages-Kurs in Excel. Das Argument der Bewerber im Interview für ihre Entscheidung war „Ich habe doch den höchsten Abschluss, sprich Studienabschluss, beigefügt".

Den Bewerbern hielt ich entgegen, der Abi-Abschluss sei noch relativ frisch, das Abi-Zeugnis gebe einen Überblick über Details zu dem Menschen, den ich als Entscheider ja umfassend kennenlernen möchte. Und zu guter Letzt, für das Abi werde neun Jahre gearbeitet, das Zeugnis fehlt. Aber die Zwei-Tages-Kursbescheinigung liegt bei. Wie wurden hier Prioritäten gesetzt?

Beispiel 2. Wenn (wichtige) Zeugnisse fehlen, Sie viele (Arbeitgeber-)Zeugnisse besitzen und nicht alle beilegen können/wollen, wenn Sie deshalb zu einem bestimmten Zeitpunkt einen Schnitt machen müssen und damit die Zuordnung der Zeugnisse zu den Zeitangaben im Lebenslauf für die Entscheiderin nicht leicht nachvollziehbar ist, erstellen Sie ein Übersichtsblatt, das Sie vor die Zeugnisse (erstes Blatt der Zeugnisdatei) legen.

Auf diesem Blatt führen Sie die beigelegten Zeiträume oder Arbeitgeber-Zeugnisse auf. Ferner erläutern Sie, aus welchem Grund für bestimmte Zeiträume/von bestimmten Arbeitgebern keine Zeugnisse vorliegen und daher nicht beigefügt sind. Sie beantworten den Entscheidern aufkommende Fragen und erleichtern deren Denkarbeit. Diese Übersichtsseite hat Ähnlichkeiten mit der Dritten Seite, gehört aber eindeutig und als erste Seite zur Zeugnisdatei.

Wenn Sie Ihre Auswahl getroffen haben, dann erstellen Sie die elektronische Zeugnisdatei, d.h. Sie scannen die Dokumente und haben nun Ihre Masterdatei Zeugnisse vollendet.

Am Ende des Zeugniskapitels noch ein paar Informationen und Gedanken zum Thema **Referenzen**, die eher bei „höherwertigen Funktionen" eine Rolle spielen und sinngemäß zum Kapitel Zeugnisse gehören. Dennoch werden Referenzen, d.h. die Namen und Kontaktdaten von Personen (i.d.R. zwei bis drei), die persönliche Auskunft über Sie geben können und wollen, im Lebenslauf am Ende in einem eigenen Kapitel angegeben. Was bedeutet das für Sie und den Entscheider/die Personalerin?

Sie müssen mit der entsprechenden Person die Angabe der Referenz abstimmen und hoffen, dass die Person tatsächlich „nur Gutes" über Sie sagt, wenn sie gefragt wird. Das ist ja der Sinn und Wunsch für Ihre Referenzangabe.

Wird die Personalerin das Gespräch mit dem Referenzgeber suchen? Denken wir an die Mutter aller Regeln, eher nein. Zumal sie ja auch weiß, dass ein Referenzgeber wohl nichts Schlechtes über den Bewerber sagen wird.

Das verhält sich sicher anders bei der Suche und Besetzung von Positionen durch PersonalberaterInnen. Hier sind Referenzen wesentlich wichtiger. Der geschickte Personalberater, der häufig und geübt mit Referenzgebern spricht, bekommt durch geschickte Frage- und Gesprächsführung tatsächlich interessante Zusatzinformationen. Bei ihnen spielt „keine Zeit“ eine untergeordnete Rolle. Das ist Teil ihrer Dienstleistung, die durchaus gut honoriert wird.

Damit sind die drei wichtigsten Dateien erstellt. Bleibt nun noch die Arbeitsprobe als Sonderfall und die gesamte Bewerbungsmappe zum Abschluss dieses Kapitels.

Die Arbeitsprobe

Die Arbeitsprobe kann entweder als letzte Seite im Lebenslauf enthalten oder aber eine zusätzliche Datei einer Bewerbung sein. Arbeitsproben sind aber nur in Sonderfällen passend. Deshalb werde ich auch nur kurz in Form eines Schaubildes darauf eingehen.

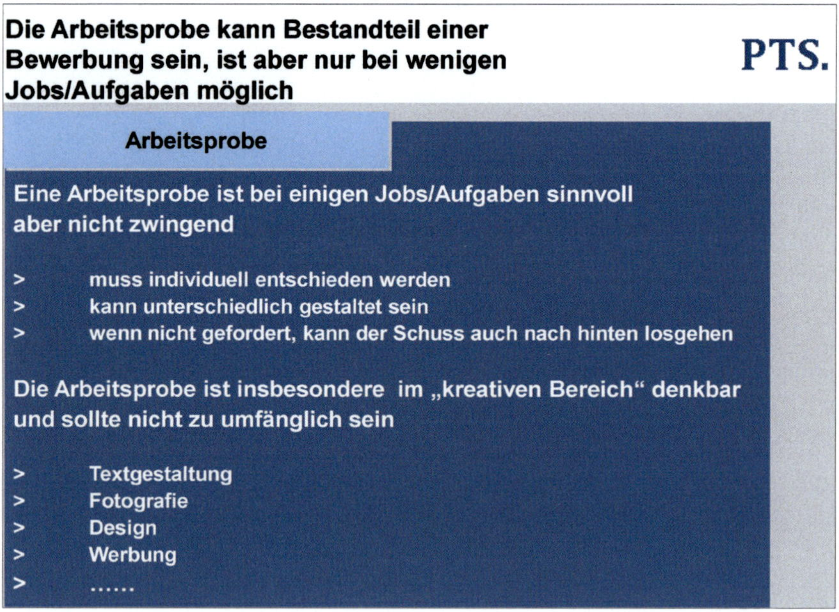

Die vollständige Bewerbungsmappe (Mappe/Hefter für die Papierform//E-Mail für die elektronische Form)

Die **Bewerbungsmappe** ist der „Mantel“ der Bewerbungsunterlagen. Eine Bewerbungsmappe bündelt und verpackt die einzelnen Elemente der Bewerbung und wird in vielfältigen Formen angeboten. Die Bewerbungsmappe sollte farblich ansprechend sein und zum persönlichen Stil passen. Ideal, aber etwas teurer, ist die Mappe, die aus drei Seiten/Teilen besteht und zweimal aufklappbar ist. Sie gibt die Möglichkeit, die Papierunterlagen genau den drei Dateien (Anschreiben, Lebenslauf, Zeugnisse) folgend einzuheften.

Zwei Seiten der Mappe sind mit „Schienen“ für Lebenslauf und Zeugnisdatei versehen (mittig Lebenslauf, rechts Zeugnisse) und eine Seite hat oben und unten Auskerbungen. Dort wird das Anschreiben platziert.

Sie fragen nun, warum diese Unterlage ideal ist und zweimal Schiene, einmal Auskerbung hat? Ja richtig, die „Mutter der Regeln“ greift wieder. Es soll schnell gehen; der Entscheider zupft das Anschreiben aus der Auskerbung und kann es mit seinen Bemerkungen versehen. Die anderen Unterlagen schaut er sich an, muss er aber pfleglich behandeln.

Denn rechtlich gesehen sind die Mappe sowie die Unterlagen zum Lebenslauf und zu den Zeugnissen Eigentum des Bewerbers und müssen bzw. müssten – was heute schon mal unterlassen wird – an die Bewerber zurückgeschickt werden. Das Anschreiben wird zum und verbleibt im Eigentum des Unternehmens.

Daher auch mein Rat, sollten Sie nicht die dreigliedrige Mappe sondern eine normale Heftmappe mit einer Schiene nutzen, dann klemmen Sie das Anschreiben nicht mit ein, sondern legen Sie es nur in die Mappe auf die eingeklemmten Unterlagen. Sonst wird es nämlich für die Personalerin „mühselig“.

Wie schon oben erwähnt, sollten die Unterlagen in Ihren Dateien in eine logische Reihenfolge gebracht werden und insbesondere die Zeugnisse zeitlich nicht durcheinander, sondern nach den Angaben im Lebenslauf angeordnet sein. Ausgedruckt dann also auch logisch gereiht einheften!

Die **E-Mail-Bewerbung** ist keine Online-Bewerbung im strengen Sinne, wird aber häufig so bezeichnet. Aus meiner Sicht ist die E-Mail nur die moderne Form des Briefumschlags und dient der Zusendung der Unterlagen zum Unternehmen. Daraus folgt, dass in der E-Mail auch nur ein kurzer Drei-Zeiler steht und nicht das gesamte Anschreiben reinkopiert bzw. ein längerer Text verfasst wird. Vor ca. 10/15 Jahren wurde das mal propagiert. Aber das Anschreiben in der E-Mail hat sich nicht wirklich als sinnvoll erwiesen.

Diesen Drei-Zeiler können Sie bei der Erarbeitung Ihrer Unterlagen vorformulieren, als Master-E-Mail-Datei abspeichern und immer wieder, ggf. leicht modifiziert, nutzen.

Und in die E-Mail werden dann die drei Dateien eingefügt, Ihr Anschreiben, Ihr Lebenslauf, Ihre Zeugnisse, genau in der Reihenfolge.

Der Weg der Bewerbungsunterlagen zu den Unternehmen und den Entscheidern

Es gibt grundsätzlich fünf Formen, um mit Unternehmen in Kontakt zu treten und ihnen die Bewerbung zukommen zu lassen.

1. In Papierform per Postsendung oder durch persönliche Übergabe
2. Als elektronische Bewerbung per E-Mail
3. Online-Bewerbung per Eingabe der Bewerbungsdaten und Hochladen von ergänzenden Unterlagen im Bewerbungstool auf der Homepage des betreffenden Unternehmens
4. Durch Active Sourcing vom Unternehmen mit direkter Ansprache
5. Versenden oder Hochladen einer Video-Bewerbung

Punkt 1 bis 3 sind die heutigen gängigen Standardformen; aber sicher wird sich das im Rahmen der „Digitalisierung“ noch fortentwickeln und ändern.
Hierauf gehe ich unter Punkt 4 und 5 ein.
Die „Old-fashion“-**Papierform** mit Briefsendung bzw. persönlicher Übergabe, denke ich, muss nicht weiter erläutert werden. Sie haben Ihre Bewerbungsdateien ausgedruckt, in Farbe ist schön, aber auch nicht zwingend, in eine Bewerbungsmappe gepackt und lassen diese den Verantwortlichen im Unternehmen zukommen. Achten Sie dabei auf ausreichende Frankierung.

Eine **elektronische Bewerbung** ist, wenn Sie den Ratschlägen zur Erstellung der Unterlagen in (Master-)Dateien folgen, schnell gemacht.

Hierzu ein Verhaltensbeispiel. Sie sehen eine Anzeige; checken, ob es zwingende Muss-Kriterien darin gibt, auf die Sie im Anschreiben zusätzlich eingehen sollten; spezifizieren das Masteranschreiben auf das Unternehmen; öffnen eine E-Mail; kopieren den Mastertext in die E-Mail, klicken drei Mal, spezifiziertes Anschreiben, Lebenslauf, Zeugnisse, und schicken die E-Mail ab. So sind Sie in ca. 15 bis 20 Minuten mit der Bewerbung fertig.

Achtung! Einige Unternehmen möchten die Unterlagen in EINER Datei und formulieren es auch so in der Anzeige. Dann erstellen Sie bitte aus Ihren drei Dateien nur eine. Warum? Nun, die Entscheider wollen zum Ausdrucken nur einmal klicken bzw. nur in einer Datei rauf- und runterscrollen. Und wenn Sie drei Dateien senden, denkt der Entscheider vielleicht, „der hat die Anzeige nur flüchtig gelesen, arbeitet er dann auch so?“ oder aber „die will mich ärgern.“

Als dritte gängige Standardform wird auf die **Online-Bewerbung** eingegangen und diese näher erläutert. Die Großunternehmen, in Zukunft sicher auch mittelständische Firmen, besitzen eigene Bewerbungstools und propagieren, dass sie keine Bewerbung mehr in Papierform oder per E-Mail annehmen. Sie tun das, weil so die Bewerber einen Teil der Arbeit (Dateneingabe) übernehmen, aber auch, um dieses Tool u. a. zur Vorauswahl zu nutzen.

Was heißt das für Sie als Bewerber?

Sie werden in dem Tool, das sich auf der Unternehmenshomepage befindet, menümäßig geführt und aufgefordert, Daten einzugeben, Fragen zu beantworten etc. Zum Schluss haben Sie dann noch die Gelegenheit, ergänzende Dateien – in begrenztem Umfang! – hochzuladen. Klar warum, nicht wahr?!

Diese Tools sind so ausgelegt, dass hiermit ein „Vor-Matching" stattfinden kann, d. h., es wird elektronisch geprüft, ob der Bewerber X aufgrund seiner Angaben zur ausgeschriebenen Stelle passt. Wenn ja, erhält der Personaler bzw. die Führungskraft nur diese „passenden" Unterlagen aus dem Tool zur Prüfung und weiteren Entscheidung.

Bei der Prüfung einer Papier/E-Mail Bewerbung handeln „nur" Menschen mit all ihren Meinungen, Vorurteilen, Wünschen, Vergesslichkeiten etc. und treffen eine mehr oder weniger nachvollziehbare Entscheidung.

Bei Online-Bewerbungen dagegen arbeitet die Maschine, stur nach bestimmten Kriterien und ohne jede Beeinflussbarkeit. Daher sollten Sie in diesem Fall die Stellenanzeige viel intensiver lesen und deren Forderungen und Wünschen mehr Beachtung schenken. In der Konsequenz heißt das, entsprechende Keywords, passende Schlagworte bei den Eingaben zu nutzen, um so in die engere Auswahl zu kommen.

Grundvoraussetzung ist aber seitens der Unternehmen auch, dass die Anzeige sehr genau, spezifisch, detailliert auf die zu besetzende Stelle formuliert worden ist. Ob das immer so geschieht? Sicherlich werden PersonalerInnen und Führungskräfte bei Nutzung von Online-Verfahren stärker dazu gezwungen, als wenn ohne Tool gearbeitet wird.

Zum Schluss dieses Kapitels ein Blick in die bereits begonnene Zukunft. Sie als BewerberIn sind im ersten Schritt nicht aktiv – abgesehen vom Einstellen bzw. Aktualisieren Ihres Profils im Netz –, sondern das Unternehmen.

Active Sourcing bedeutet, dass Sie vom Recruiter direkt kontaktiert und angesprochen werden. Es ist in gewissem Maße die umgekehrte Form zu den drei erstbeschriebenen Wegen, mit Unternehmen in Kontakt zu kommen. Sie haben zwar Informationen in Karriereportalen (wie XING, LinkedIn, StepStone etc.) bereitgestellt, senden aber zunächst gar keine Unterlagen mehr an das Unternehmen. Der Prozess läuft dann folgendermaßen ab.

- Sie stellen Informationen in Karriereportalen/sozialen Netzwerken bereit.
- Headhunter und professionalisierte RecruiterInnen suchen im Netz nach passenden KandidatInnen.
- Sie werden gefunden und aufgrund der Informationen als passend betrachtet.
- Die Suchende nimmt mit Ihnen direkt Kontakt auf, zunächst per kurzer Nachricht im Netzwerk, Mail, WhatsApp und/oder dann per Telefon.
- Nach dem persönlichen Kontakt erfolgt dann ggf. direkt die Einladung zum Interview.

In diesem Prozess wird der Zwischenschritt, Unterlagen zu erhalten und zu checken, ausgelassen und direkt nach Finden und Lesen des Profils ein persönliches Treffen vereinbart. Diese Form wird heute stark von kleineren, wachsenden Unternehmen und/oder in Bereichen von „Fachkräftemangel", z.B. im IT-Bereich, betrieben.

Relativ neu sind Video-Stellenanzeigen vonseiten der Unternehmen und die Möglichkeit, sich hierauf auch mit einer **Video-Bewerbung** zu bewerben. In den Video-Stellenanzeigen, die über verschiedenste Social-Media-Kanäle (Facebook, Instagram, YouTube etc.) verbreitet werden können, sind Informationen zum Unternehmen und zur Aufgabe etc. enthalten (wie in einer herkömmlichen Stellenanzeige). Zudem gibt es ggf. Vorgaben für die Video-Bewerbung (welche Informationen, Dauer etc. und ob noch zusätzliche Unterlagen erforderlich sind).

Nehmen Sie dann ein entsprechendes Video auf und senden Sie es dem Unternehmen zu oder laden Sie es an einem vorgegebenen Ort hoch.

Sie sehen, es gibt immer noch eingeübte Wege, aber auch interessante neuere Entwicklungen. Schauen wir mal, wie es weitergeht und ob sich ein neuer Standardweg herauskristallisiert.

Wenn in Netzwerken wie XING, LinkedIn etc. die Menschen freiwillig ihre Daten und Profile oder gar Ihre gesamten Bewerbungsunterlagen auf einer eigens dafür eingerichteten Homepage hinterlegen, die Netzwerke eine Suche nach Schlagworten und Kandidaten z. T. kostenlos oder auch gegen Bezahlung unterstützen, warum sollen die Headhunterin und der professionalisierte Recruiter das nicht nutzen?

Daher sollten Sie

- sich intensive Gedanken darüber machen, welche digitalen Netzwerke Ihnen bei der Suche nach einem Job behilflich sein könnten.
- die Daten und Informationen – basierend auf Aussagen und Angaben in Ihren Bewerbungsunterlagen – abgleichen, konkretisieren und aktuell halten.
- in den Texten eine Mischung zwischen „notwendigen Informationen“, aber auch nicht zu viel zu verraten hinbekommen, um Interesse bei den RecruiterInnen zu wecken.
- wichtige „Keywords“, die für Ihren Berufswunsch einschlägig sind, verwenden.
- ggf. einen Link zu einer persönlichen Homepage angeben, wo Sie Ihre Bewerbungsunterlagen hinterlegt haben.

6 Suchkanäle und aktives Bewerben

Die Bewerbungsunterlagen sind unter harter Anstrengung und zeitweiligem Verzweifeln erstellt. Puh, endlich fertig!

Jetzt geht es darum, diese auch zu nutzen. Aber wie finden Sie und erfahren Sie von freien Arbeitsplätzen? Wo finden Sie Stellenangebote? Wie behalten Sie den Überblick?

Auch hier werden kurz mögliche Informations- und Suchkanäle in einem Schaubild aufgeführt, die je nach Bedarf und Möglichkeiten aufgegriffen werden können.

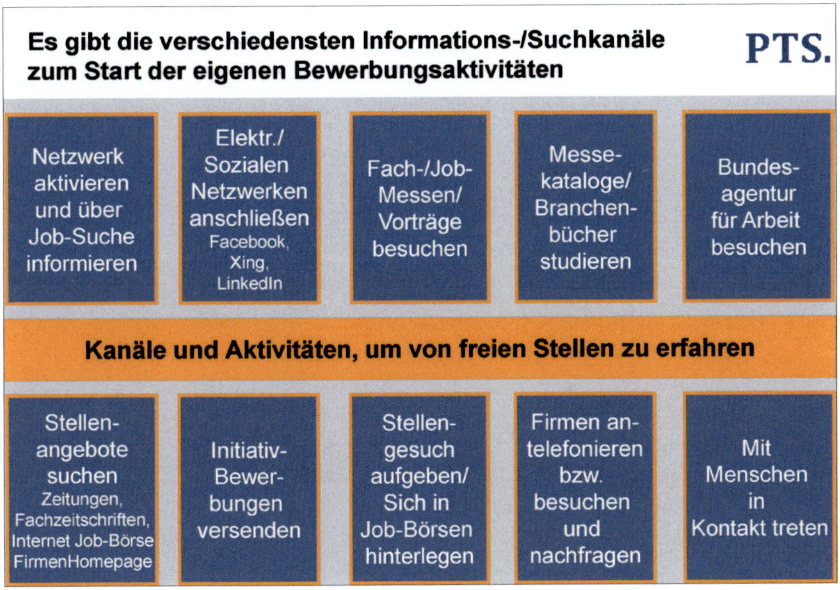

Wenn Sie sich aktiv und intensiv bewerben und nicht nur zwei, sondern vielleicht 10 bis 20 Bewerbungen im Monat versenden (müssen), besteht leicht die Gefahr, den Überblick zu verlieren.

Daher mein Rat, legen Sie sich eine Controlling-Liste an, in der Sie Ihre Aktivitäten dokumentieren und aktualisieren. Dann sind Sie per Dokument und gedanklich immer auf dem aktuellen Stand.

Eine Controlling-Liste sollte erstellt und tagesaktuell gepflegt werden, um den Überblick zu behalten

PTS.

Controlling-Liste Bewerbungen									
Unternehmen/ Organisation	Ansprech-partner	Quelle	Bewerbungs-art	Datum	Reaktion/Status	Reaktion/Status	Reaktion/Status	Reaktion/Status	Ergebnis/ Bemerkungen

PTS.

Die Suchaktivitäten waren erfolgreich, **Stellenangebote** liegen vor.

Für eine zielgenaue Bewerbung sollte das Stellenangebot genau angeschaut und auf Passgenauigkeit geprüft werden, so sagen das viele Bewerbungsberater.

Ja, sicher nicht falsch, aber wenn man weiß, wie in Unternehmen derweil Anzeigen konzipiert und formuliert werden (Personaler zu Praktikantin: „Die Abteilung XY, Frau Müller, sucht einen Fachinformatiker. Erstellen Sie doch mal einen Entwurf …!“), dann sollte die Prüfung großzügig erfolgen. Und lieber eine Bewerbung mehr als zu wenig!

Auch hier wieder eine kleine Einschränkung. Bei Positionen, die über Stellenanzeigen von Personalberatern ausgeschrieben und besetzt werden, verhält es sich etwas anders. Hier lohnt sich eine genauere Analyse der Anzeige. Warum?

Die Anforderungen an den Bewerber wurden vom Personalberater in Gesprächen mit der Personalabteilung und der zuständigen Führungskraft intensiv diskutiert, formuliert und noch mal gegengecheckt. Das Kriterium „keine Zeit" spielt hier weniger eine Rolle, denn die PersonalberaterInnen bekommen dafür (viel) Geld, und es ist ein Arbeits- und Checkmittel für eine erfolgreiche Kandidatensuche und -präsentation.

Es gilt also, die Frage zu beantworten, ob mein Qualifikationsprofil und meine Wünsche mit dem gewünschten Profil und dem Angebot zusammenpassen.

- Muss-, Soll,- Kann-(Wünschenswert-)Kriterien herausarbeiten und abgleichen
- Neben den fachlichen Kenntnissen
  (diese sind i. d. R. konkret und individuell auf die Stelle bezogen)
  auch die Fähigkeiten/Soft-Skills
  (diese sind weniger „originell" und laut verschiedener Untersuchungen oft identisch;
  so liegen an der Spitze „Teamfähigkeit, Verantwortungsbewusstsein, Eigenständigkeit")
  beachten und abschätzen
- Sonstige Erwartungen und eigene Wünsche vergleichen

Die Aussichten auf eine erfolgreiche Bewerbung steigen sicherlich mit dem Maße der Übereinstimmung von Anforderungen/Erwartungen und eigenem Profil/Wünschen!

Aber eine Garantie gibt es nicht, und daher mein Rat, sich nicht erst bei 70/80%-iger, sondern bei 30/40%iger Übereinstimmung zu bewerben!

Dazu gehört dann aber auch eine noch höhere Frustrationstoleranz. 100 Bewerbungen, 97 Absagen schmerzen wohl mehr als

15 Bewerbungen und 12 Absagen. Erhalten Sie Absagen, gerade von Unternehmen, wo es nicht so passte, dann gab es halt besser passende Bewerber.

Die Frage nach **Mehrfachbewerbungen beim gleichen Unternehmen** ist nicht einfach und generell mit ja oder nein zu beantworten. Es hängt von mehreren Faktoren wie Größe, verschiedene eigene Firmen und verschiedene Standorte, Ansprechpartner, unterstützendes Bewerberabwicklungssystem etc. ab. Daher mein Rat, bei kleineren Unternehmen eher nein, bei großen eher ja. Hier hat nicht eine Person den totalen Überblick.

Frustrationstoleranz bedarf es auch bei einer **Initiativbewerbung,** die durchaus zum Erfolg führen kann. Einer Initiativ- oder Blindbewerbung liegt ja kein konkretes Stellenangebot zugrunde. Interessanten Unternehmen können dennoch Bewerbungen zugeschickt werden.

Ich plädiere für eine vollständige, und nicht für eine sogenannte Kurzbewerbung (nur Anschreiben und kurzer Lebenslauf). Für den Bewerber macht es heute im Gegensatz zu früheren Zeiten nicht mehr oder weniger Arbeit, und die PersonalerInnen nehmen sich so oder so nur fünf Minuten für die Bewerbung, haben dann aber sofort umfassende Informationen über die Person.

Die Aussichten auf eine erfolgreiche Bewerbung hängen sehr von den Umständen, dem Zeitpunkt, der Stellensituation etc. ab (Vergleiche oben Grundsätzliches, Pkt. 4).

Mit einem **Stellengesuch** wird Werbung in eigener Sache gemacht.

Ein Stellengesuch in Zeitungen oder Fachzeitschriften beschreibt das eigene Angebot (Profil) und die Wünsche. Die Hinterlegung in Job-Börsen der Unternehmen (nach deren Vorgaben) bietet die Möglichkeit, von PersonalerInnen gefunden und angesprochen zu werden. Auch Job-Börsen im Internet bieten eine (kostenlose) Hinterlegung an. Das Gesuch sollte bei freier Gestaltungsmöglichkeit kurz und prägnant gefasst sein und die wesentlichen Fakten enthalten. Wenn ein Gesuch gestartet wird, dann bitte auch erreichbar sein! Die Aussichten eines Stellengesuchs auf Erfolg sind eher schwer zu beurteilen.

Telefonische Kontaktaufnahme/Besuch und Nachfragen vor einer Bewerbung werden von kleinen Firmen durchaus geschätzt, bei größeren Unternehmen macht es wohl kaum Sinn. Mit einem Telefonat bzw. persönlichen Besuch kann der Bewerber Türen öffnen, Erfolgsaussichten abschätzen, aber auch enttäuscht werden. Was ist zu tun?

- Firmen raussuchen, die interessant sind und in Frage kommen
- Telefonisch/per Besuch versuchen, zur Personalorganisation (nur bei größeren Firmen) oder zum „Chef" vorzudringen
- Das Gespräch, wie verkaufe ich mich, vorbereiten (Welchen Job suche ich; was biete ich; wer ist ggf. zuständig) und sich dabei kurz und prägnant ausdrücken
- Freundlich, mit guten Umgangsformen, selbstsicher kommunizieren (mit Namen ansprechen, bedanken)

Kleinere Firmen oder Einzelunternehmen schätzen diese Eigeninitiative durchaus. Es können so Sympathiepunkte gesammelt werden.

Das eigene, **persönliche Netzwerk – analog und digital** – darf absolut nicht vernachlässigt werden. Aktivieren Sie es!

(Vergleiche hierzu auch „Das Netzwerk" im Kapitel „Bewerbungsprozess im Überblick" und „Der Weg der Bewerbungsunterlagen zu den Unternehmen" am Kapitelende der Bewerbungsunterlagen)

Denn häufig werden Stellen nicht ausgeschrieben, sondern über persönliche Beziehungen und Netzwerke besetzt. Überlegen Sie:

- Wen kenne ich persönlich (ehem. Kollegen, Freunde ...)?
- Wer könnte mir bei der Jobsuche helfen, wen könnte ich ansprechen
(Persönliche Kontaktaufnahme oder per Mail anschreiben)?
- Wie aktualisiere und „schärfe" ich das eigene Profil, Daten und Informationen in elektronischen Netzwerken (XING, LinkedIn etc.)?

Wie oben bereits ausführlicher beschrieben, nutzen Headhunter-Innen und auch zunehmend Unternehmen diese Netzwerke als Datenbanken und Suchwege.

Die Aussichten, angesprochen zu werden und sich so erfolgreich in den Besetzungsprozess von Unternehmen einzubringen, werden ohne viel Aufwand erhöht.

Bedenken Sie, rund 40 bis 50% der freien Stellen werden laut Schätzungen bzw. Untersuchungen durch persönliche Kontakte und nicht über die herkömmlichen Suchwege besetzt. Das ist eine gewaltige Zahl! Und auch das Active Sourcing nimmt weiter zu.

Daher zu guter Letzt der Rat, immer wieder **mit Menschen direkt oder indirekt in Kontakt zu treten**. Nur wer kommuniziert und informiert, dass ein neuer Job gesucht wird, hat die Chance, „gefunden" und angesprochen zu werden.

7 Interview bzw. Bewerbergespräch

Bevor wir uns anschauen, wie es nun mit dem Interview weitergeht, noch ein paar Gedanken zu der „Einladequote" und möglichem Abändern der Bewerbungsunterlagen.

Sie haben sich für eine bestimmte Ausgestaltung Ihrer Unterlagen entschieden und diese erstellt. Dann nutzen Sie diese Form erst einmal unverändert 15 bis 20 Mal. Das ist der „Praxistest" – wie kommen meine Unterlagen an, wie oft werde ich kontaktiert bzw. eingeladen? Es ist sehr schwer, eine „gute Einladequote" zu bestimmen, aber schauen wir uns mal das eine Extrem an, Sie erhalten gar keine Einladung oder nur einen Telefonanruf bei 20 Bewerbungen. Dann spricht viel dafür, die Unterlagen zu überdenken und anders zu gestalten.

Bekommen Sie dagegen immerhin vier bis sechs Einladungen zu Interviewterminen – ich sage immer, eine Quote von 20 bis 30% ist bereits gut –, dann sollten Sie die Unterlagen wohl nicht verändern, sie sprechen scheinbar an. Höhere Quoten, noch besser.

In dem Sinne, konsequent mit Hilfe der Controlling-Liste die Bewerbungen, in welcher Form/Art sie rausgeschickt wurden, verfolgen und ggf. nach Praxiserfahrung Änderungen vornehmen.

Die erste Hürde ist aber nun wirklich erfolgreich genommen, keine Absage, sondern eine oder mehrere Kontakte und Einladungen zum Bewerbergespräch. Wie handeln die Unternehmen und wie erfolgt eine Einladung?

- traditionell – per Brief
- zeitgemäß – per Mail
- taktisch – per Telefonat
- (Brief/Mail ggf. zusätzlich im Nachgang)

Warum ist es taktisch geschickt, Kandidaten anzurufen und per Telefon einzuladen? EntscheiderInnen telefonieren gern vorweg mit den Kandidaten, um per Telefonat bereits einen ersten Eindruck zu gewinnen. Wie reagiert der Angerufene? Wie kommuniziert die Kandidatin? Wie sind die Antworten auf ein, zwei wichtige Fragen, z. B. zum Gehaltswunsch etc. Seien Sie darauf vorbereitet und reagieren Sie ruhig, freundlich und gelassen!

Dabei handelt es sich nicht um das sogenannte Telefoninterview – hierauf wird später noch detaillierter eingegangen –, das Einladungstelefonat kann aber eine „Vorstufe" dazu sein und Elemente daraus enthalten.

Auf das persönliche Bewerbergespräch sollten Sie sich im Vorfeld, d. h. bereits ein paar Tage vorher, intensiv vorbereiten. Denn es ist wie eine Prüfung. Und auf eine Prüfung bereitet man sich in der Regel gut vor.

Zunächst geht es um die Vorbereitung der **organisatorischen Themen.**

- Ortslage, Anreisealternativen, Verbindungen prüfen
- Zeitplanung mit Zeitpuffer vornehmen
- Kleidungsfrage klären und Kleidung vorbereiten
- Bewerbungsunterlagen, Papier und Schreiberling bereitlegen

Daneben sind die **inhaltlichen Themen** zu bearbeiten.

- Informationen über das Unternehmen, das Marktumfeld, die konkrete Aufgabe und mögliche Erwartungen sammeln; hier helfen u. a. Presseseiten des Unternehmens sowie die jeweilige Stellenanzeige
- Über soziale Netzwerke Informationen zu den Gesprächspartnern anschauen und reflektieren
- Die eigenen Lebenslauf-Unterlagen noch mal intensiv studieren, Details „auswendig lernen" und detailliert kennen

- Kenntnisse/Fähigkeiten/Erfahrungen noch mal in vorhandenen Unterlagen anschauen oder überlegen und merken
- Motivation für Job und Unternehmen überdenken
- Persönlichkeitsmerkmale/Privates reflektieren und zurechtlegen
- Aussagen zu Lücken, Schwachpunkten, Besonderheiten überlegen
- Fragen und mögliche Antworten vorbereiten

Vorbereitungen machen Sinn, aber machen Sie sich auf keinen Fall verrückt. Es ist Ihr Leben, Sie kennen sich, und so sollten Sie sich – authentisch auf Neudeutsch – auch präsentieren. Denn wie das Bewerbergespräch dann tatsächlich abläuft, das wissen Sie nicht, und Sie können es nicht wirklich vorplanen.

Der Tag des Interviews ist da. Seien Sie rechtzeitig dort! Bitte Puffer einplanen und dann auch mindestens 15 Minuten vor dem Termin am oder im Unternehmen sein. Lieber noch eine Runde um den Block gehen, durchatmen und versuchen zu entspannen. Sie werden nur noch nervöser, als Sie schon sind, wenn Sie bei der Anreise Zeitdruck verspüren und erst eine Minute vorher oder gar zu spät ankommen. Zu spät zu kommen ist schlecht, bei vielen EntscheiderInnen spielt die „Tugend der Pünktlichkeit" eine Rolle und der Facebook-Daumen zeigt kräftig nach unten.

Melden Sie sich am besten ca. fünf bis zehn Minuten vor dem Termin am Empfang oder an der angegebenen Stelle und signalisieren Sie, dass Sie da sind. Jetzt treten Sie ggf. noch nicht direkt mit dem/den Entscheidern in Kontakt, aber diese Personen, die Sie empfangen, abholen und zum Besprechungsraum begleiten, können durchaus Einfluss auf die EntscheiderInnen und ein Ja oder Nein zu Ihrer Einstellung nehmen. Wie das, werden Sie fragen.

Hierzu ein kurzes **Beispiel** aus eigenem Erleben. Ich wurde bei meinem Interviewtermin bei der Nixdorf Computer AG in Paderborn von der Sekretärin meines dann zukünftigen Vorgesetzten abgeholt und zum Besprechungsraum begleitet. Dabei unterhielten wir uns natürlich über dies und das. Nach meiner Einstellung habe ich dann von der besagten Sekretärin erfahren, dass sie von unserem Chef nach ihrem Eindruck von mir gefragt wurde, sie den positiv darstellte und damit letztendlich den Ausschlag zwischen mir und einem gleichwertigen Mitbewerber gab.

Es zeigt, auch in kurzen Zeitphasen hinterlassen Sie einen Eindruck von Ihrer eigenen Wirkung, der zählen kann. Daher sollten Sie versuchen, nicht nur im direkten Bewerbergespräch, sondern auch in den „Umfeld-Begegnungen vorher/nachher“ durch kluges Verhalten Sympathiepunkte zu erzielen. Es kommt nicht so sehr auf das inhaltlich Gesagte, sondern beim „Ersten Eindruck“ sehr stark auf **Gestik, Mimik und Sprache** an.

- offen entgegentreten/Händedruck dosieren
- Blickkontakt herstellen und halten
- aufrecht, entspannt gehen, stehen und sitzen
- Gesichtsregungen, „Bewegung“ (Nicken) zeigen
- freundlich und interessiert wirken
- klar und deutlich, nicht zu leise sprechen
- Gleichheiten oder Gemeinsamkeiten betonen
- Namen merken und damit ansprechen
- Handy ausschalten

So können frühzeitig Sympathie und eine stimmige Chemie entwickelt werden, was eine positive Entscheidung für Sie wahrscheinlicher macht.

Auch hierzu wieder kurzgefasste, erklärende Beispiele.

Beispiel 1. Wenn Sie vom Interviewpartner abgeholt werden und er in der Smalltalk-Phase zu Ihnen sagt, „Sie sind auch nicht aus Bayern, woher, ach aus NRW, ich auch“, dann ist es vielleicht klug, diese Gemeinsamkeit im weiteren Gesprächsverlauf zu betonen. Gemeinsamkeiten verbinden bekanntlich.

Und ein **Beispiel 2** zum Namenansprechen. Es ist nicht nur höflich, es schmeichelt Menschen, wenn sie mit Namen angesprochen werden. Sie kommen zum ersten Mal in eine neue Bar, reden mit der Bedienung hinter dem Tresen. Ein paar Tage später, wieder ein kurzer Besuch, die Bedienung fragt Sie nach Ihrem Namen. Und zwei Wochen später werden Sie beim Betreten der Bar dann von der Person mit „Hallo Dietmar, schön, dich zu sehen!“ begrüßt. „Uuii, das ist ja nett, der kennt mich ja!“, ist wahrscheinlich der Gedanke.

Das Interview selbst lässt sich unterschiedlich gliedern; eine Einteilung in fünf größere Phasen erscheint sinnvoll. Es dauert i. d. R. eine Stunde, kann aber auch kürzer oder länger ausfallen. Das ist auch abhängig von dem zu besetzenden Job, ob Praktikums-, Fachkraft-oder ManagerInnenstelle.

- Begrüßungs- und Aufwärmphase mit Small-Talk
- Einführungsphase mit Vorstellung Interviewer/Ablauf
- Kandidaten-Check-Phase
- Informationsphase für Bewerber
- Abschlussphase mit Verabschiedung

Auf die fünf Phasen mit ihren Inhalten und Ihr mögliches Verhalten wird nun tiefer eingegangen.

In der **Begrüßungs- und Aufwärmphase mit Small-Talk (Phase 1)**, das kennen Sie schon aus dem vorher Gesagten, begrüßt Sie der Interviewpartner, begleitet Sie zum Raum, und es wird Small-Talk mit einfachen Fragen, Inhalten und Aussagen gemacht. Die Gesprächspartnerin will hier in der Regel keine tiefschürfenden Inhalte besprechen; sie ist vielleicht gedanklich noch beim Meeting zuvor und muss sich erst sammeln.

Seien Sie offen, herzlich, halten Sie Blickkontakt und beteiligen Sie sich angemessen am Small-Talk. Angemessen meint, nicht nur mit „Ja“ und „Nein“ auf Fragen zu antworten, aber den anderen auch nicht mit einem Wortschwall zuzutexten.

Typische Aussagen/Fragen sind u. a. „Das ist ein Wetter heute", „Haben Sie es gut gefunden?", „Wie sind Sie hergekommen?", „Schön, dass es so schnell geklappt hat".

Im Raum selbst bietet man Ihnen einen Platz an oder stellt Ihnen frei, welchen Stuhl Sie nehmen wollen. Zögern Sie nicht und ergreifen Sie dann auch die Wahl. Bietet man Ihnen etwas zu trinken an, entscheiden Sie, „Ja gern" oder auch „Nein danke, im Moment nicht".

Zeigen Sie ein bewusstes, beherztes Auftreten und Entscheiden.

In der **Einführungsphase mit Vorstellung Interviewer/Ablauf (Phase 2)** beginnt nun „formal und offiziell" das Bewerbergespräch. Die GesprächspartnerInnen stellen sich – zumindest sollte es so sein – kurz mit zwei bis drei Sätzen, i. d. R. Name, Funktion, Zugehörigkeitsdauer vor und geben einen Überblick über Ablauf, Inhalt sowie Dauer des Gespräches.

Sollte so sein, ist es aber häufig nicht. Denn gerade ManagerInnen und Fachvorgesetzte fühlen sich oft wichtig und bedeutend und erzählen gerne über sich und ihre Arbeit. Sie geben in dieser Phase dann bereits Informationen zum Umfeld, zur Abteilung, zur konkreten Aufgabe etc. Hören Sie in solchen Fällen genau zu, merken Sie sich ein, zwei Kernaussagen und beziehen Sie sich in Ihrer Selbstpräsentation auf diese Informationen.

Ein **Beispiel.** Der Abteilungsleiter spricht mehr, als er sollte. Er erwähnt u. a., dass er in seiner Abteilung fast ausschließlich langjährige, ältere, eingefahrene MitarbeiterInnen hat und zudem immer mehr internationale Geschäftsbeziehungen in Englisch auftreten. Daher möchte er nun etwas „Frisches, Dynamisches, Englisch-Affines".

Was werden Sie tun? In Ihrer Selbstvorstellung stellen Sie sich genau so dar, betonen es bewusst, frisch, dynamisch und der englischen Sprache sehr mächtig zu sein. Der Abteilungsleiter spiegelt an seinem vorgegeben Soll-Profil und hakt im Kopf ab, passt, passt, passt.

Die nächste, **die Kandidaten-Check-Phase (Phase 3)**, ist zeitlich die längste und für die EntscheiderInnen die wichtigste Phase. Hier werden Sie nun auf „Herz und Nieren" geprüft und der Grundstein für die Entscheidung Ja/Nein wird gelegt. Zu Beginn der Phase werden Sie gebeten, sich selbst vorzustellen, sich zu präsentieren. Der Interviewer stellt entweder gezielte Zwischen- oder nach Ende der Selbstpräsentation Nachfragen zum Gesagten. Mit weitergehenden Fragen und Diskussionen überprüft er zu bestimmten Themen/Details das fachliche Wissen und die (Berufs-) Erfahrung, Ihren persönlichen Hintergrund, Ihre Fähigkeiten sowie Ihre Motivationslage bezüglich Unternehmen, Funktion und Ihrer beruflichen Weiterentwicklung. Darauf wird weiter unten noch gezielter eingegangen. Hier erst mal ein Überblick.

- Starten Sie einfach; fragen Sie nicht, wo Sie beginnen sollen.
- Präsentieren Sie den Lebenslauf chronologisch, nicht achronologisch wie in Ihren Unterlagen geschrieben, kurz und prägnant. Es fällt leichter.
- Stellen Sie Ihren Lebensweg in ca. 8 bis 10 Minuten (ohne Zwischenfragen) vor.
- Erwähnen Sie die ferne Vergangenheit eher kürzer, werden Sie dann aber genauer und ausführlicher, je näher Sie an die Jetzt-Zeit kommen.
- Geben Sie Begründungen für Ihren Lebensweg und getroffene Entscheidungen, Wechsel etc. und reihen Sie nicht nur Fakten aneinander.
- Strukturieren Sie Ihren Lebensweg und Ihre Selbstvorstellung auch dadurch, dass Sie Jahreszahlen und in der näheren Jetzt-Zeit auch die entsprechenden Monatsangaben zu den Jahreszahlen nennen.
- Nehmen Sie mögliche Fragen vorweg und beantworten Sie diese schon in Ihrem Vortrag.
- Gehen Sie auf Lücken/Brüche direkt ein.
- Bleiben Sie ehrlich bzw. sehr nahe bei der Wahrheit.
- Seien Sie in den Aussagen präzise und prägnant.

- Antworten Sie auf Fragen gezielt und konkret, nicht langatmig ausschweifend.
- Nehmen Sie nach einer Zwischenfrage und der Antwort selbständig Ihren „roten Faden“ und die Selbstpräsentation wieder auf.
- Argumentieren Sie ruhig und sachlich.
- Gleiten Sie am Ende nicht langsam raus, sondern setzen Sie einen klaren Schlusspunkt der Selbstvorstellung. „Und deshalb bin ich heute hier.“

Die **Informationsphase für Bewerber (Phase 4)** dient Ihnen. Hier sollen Sie die notwendigen Informationen, was Sie erwartet, und die relevanten Fakten für Ihre Entscheidungsfindung erhalten. Der Interviewer stellt Unternehmen, Abteilung, Job/Aufgabe detailliert vor und beantwortet mögliche Fragen des Bewerbers.

- Hören Sie genau und intensiv zu.
- Lassen Sie erst einmal die andere Person reden und stellen Sie besser nicht sofort Zwischenfragen.
- Gleichen Sie die Informationen mit den eigenen Qualifikationen, Wünschen und Vorstellungen ab.
- Versuchen Sie, sich vorzustellen, ob „das“ etwas für Sie ist.
- Stellen Sie nach Ende der Ausführungen auf Aufforderung hin ggf. ergänzende Fragen.
- Thematisieren Sie nicht jedes Detail.
- Gehen Sie insbesondere auf grobe Unklarheiten zu bestimmten Aussagen oder aber auch auf zusätzliche Informationen über die konkrete Aufgabe und das Arbeits- und Kollegenumfeld ein.
- Fragen Sie nicht um des Fragens willen, wenn Sie tatsächlich keine Fragen haben und Ihr Informationsbedarf gedeckt ist.
- Sagen Sie dann, wenn Sie aufgefordert werden, Fragen zu stellen, und keine haben z. B. „Nein, im Moment habe ich keine Fragen.“
- Fragen Sie besser nicht direkt im ersten Gespräch nach Vertragsbedingungen (Gehalt, Urlaub, Sonderleistungen etc.).

Ja, Vertragsbedingungen sind wichtig und entscheidungsrelevant. Aber es kommt nicht so gut an, wenn Sie das Thema direkt ansprechen. Entweder schneidet die Entscheiderin die Thematik von selbst an, fragt Sie zum Beispiel nach Ihrem derzeitigen Jahresgehalt, dann passt es und Sie können nachfragen. Oder aber Sie gedulden sich, spätestens im zweiten Gespräch und/oder im schriftlichen Vertrag sind die Konditionen fixiert und niedergeschrieben. Dann haben Sie immer noch die Möglichkeit, darüber zu sprechen, Änderungen zu erzielen oder sich konsequent gegen das Angebot zu entscheiden.

Wie schon im Kapitel Bewerbungsunterlagen gesagt, wird das Thema Gehaltswunsch im separaten Kapitel Exkurs 2, Gehaltswunsch, behandelt.

Zum Ende des Interviews kommt die **Abschlussphase mit Verabschiedung (Phase 5)**.

Der Interviewer informiert – er sollte es zumindest – über das weitere Vorgehen, gibt ggf. Feedback, begleitet hinaus, es wird wieder eher Small-Talk gemacht und man verabschiedet sich.

- Bedanken Sie sich für das Gespräch.
- Sprechen Sie die Person mit Namen an.
- Beteiligen Sie sich am Small-Talk.
- Fragen Sie nicht nach direkter Rückmeldung.
- Fragen Sie aber nach dem weiteren Vorgehen, d. h. wie geht es weiter, wann gibt es Bescheid, wer meldet sich bei wem wann?

Hier haben Sie nun doch noch die Möglichkeit, Ihr Interesse zu signalisieren und eine Frage zu stellen, wenn Sie es vorher nicht getan haben. Denn in vielen Fällen versäumen es die GesprächspartnerInnen leider, das weitere Vorgehen zu benennen. Und für Sie ist das doch eine wichtige Information. Sie möchten wissen, wann die Entscheidung fällt, wie lange Sie mit Nachfragen ggf. warten sollten, wie Sie sich im Bewerbungsprozess bei anderen Unternehmen womöglich positionieren und verhalten müssen etc.

Die dargestellten Phasen werden Sie i. d. R. mehr oder weniger ausgeprägt bzw. überlappend mit unterschiedlicher Dauer in der Realität der Bewerbergespräche wiederfinden. Es gibt ein sicheres Gefühl, wenn man weiß, was einen wohl erwartet und Sie sich darauf entsprechend einstellen können.

Nach diesem Gesamtüberblick über das Bewerbergespräch und die fünf Phasen kommen wir auf die **wichtige Kandidaten-Check-Phase** zurück und gehen noch etwas intensiver auf diese ein. Wesentliche Verhaltenstipps sind ja oben bereits beschrieben worden; ergänzt werden sollen u. a. noch typische Fragen und mögliche Reaktionen.

Wie bereits benannt, möchten die InterviewerInnen den Kandidaten im Detail kennenlernen, wichtige Punkte abprüfen und so zu einer Einschätzung seiner Person kommen. Gut vorbereitete InterviewerInnen machen das anhand eines teil-standardisierten Interviewleitfadens. Es werden jeder Bewerberin für die Stelle die gleichen Aufgaben/Fragen gestellt, um eine Vergleichbarkeit untereinander zu gewährleisten; daneben ist man aber auch offen für Sonderthemen.

Der Einstieg erfolgt meistens mit der **persönlichen Vorstellung**, zu der Sie aufgefordert werden.

„Stellen Sie sich uns mal vor!//Erzählen Sie mal etwas über sich!//Was haben Sie denn in Ihrem Leben bisher so gemacht?// Was sind die wichtigsten Informationen über Sie?"

Schauen Sie sich hierzu noch mal die Verhaltenstipps in der oben beschriebenen Phase 3 an!

Die Selbstpräsentation sollten Sie in der Vorbereitung zu Hause üben. Sie können das allein vor dem Spiegel machen oder Ihren Lebensweg einem Familienmitglied/Freund erzählen und dabei die Zeit stoppen. Rund acht bis zehn Minuten können für einige sehr lang oder für andere auch sehr kurz sein; je nach Lebenslage und Redetemperament.

Nach Ihrer Selbstvorstellung, mit oder ohne Unterbrechung durch Zwischenfragen, werden zunächst ergänzende Fragen zum Lebenslauf, gern nach Lücken oder nach Begründungen gestellt.

Daran anschließend werden mit gezielten Fragen Ihr (weiterer) **fachlicher und persönlicher Bereich sowie Ihre Motivation** abgeprüft. Man will Sie „als Mensch" kennenlernen, begreifen und sich ein Bild machen. Zudem findet hier nun der konkrete Soll-Ist-Abgleich durch die InterviewpartnerInnen statt. Es gibt ja das Soll-Anforderungsprofil für den Job, wie ggf. in der Stellenanzeige beschrieben. Dieses Soll-Profil wird im Verlauf dieser Phase intensiv mit Ihrem Ist-Profil abgeglichen.

Dabei übernimmt, wenn Personaler und Führungskraft anwesend sind, die Personalerin i. d. R. den Einstieg ins Gespräch sowie die Fragen zum persönlichen Bereich und zur allgemeinen Motivation; die Führungskraft, sprich der Fachmann, die Diskussion und Fragen zum beruflichen und fachlichen Teil und zugehöriger Motivation. Und es gibt natürlich Fragen/Diskussionspunkte, die überlappend sowohl den einen/anderen Bereich als auch die Motivation berühren.

Welche Fragen gestellt werden, ist sehr schwer vorherzusagen. Es kommt immer auf die InterviewerInnen, Ihre Selbstpräsentation, den Zeitrahmen etc. an. Dennoch gibt es einige „Standards", die in der aufgeführten oder auch in etwas variierter Form und zugeschnitten auf die jeweilige Bewerbergruppe (Azubis, StudentInnen, Fachkräfte, ManagerInnen etc.) genutzt werden.

Fragen zum fachlichen Bereich

- Warum haben Sie gerade diesen (Ausbildungs-)Beruf/dieses Studium gewählt?
- Was wissen Sie über den Beruf/diese Funktion?
- Was hat Ihnen in der Ausbildung/im Studium/im Praktikum/in Ihrer letzten Tätigkeit am meisten Spaß gemacht?
- Warum haben/hatten Sie so gute/schlechte Noten?
- Was erwarten Sie in Ihrer Aufgabe?
- Erzählen Sie etwas, das Sie in Ihrem Leben getan haben, auf das Sie besonders stolz sind!
- …

- Gezielte Fragen zu den (Fach-)Kenntnissen und Erfahrungen
  > Was kennen Sie vom Programm/System XY?
  > Was bedeutet YX?
  > Erklären Sie mir mal YZ!
  > Was waren Ihre konkreten Aufgaben?
  > Haben Sie dies/das schon einmal gemacht?
  > Schildern Sie mir bitte mal eine schwierige Arbeitssituation!
  > Was war ein großer/der größte Erfolg bisher/bei Unternehmen A?
  > Auf welche Ihrer bisherigen Leistungen sind Sie besonders stolz und warum?
  > Stellen Sie sich folgende Situation vor … Was tun Sie?

Bei sogenannten kompetenz- bzw. verhaltensbasierten Interviews werden gerade die oben angeführten Fragen/Themen angesprochen. Haben Sie also für konkrete Situationen Beispiele parat, stellen Sie diese kurz dar, erläutern Sie, wie Sie gehandelt haben und was Sie daraus für zukünftige Fälle gelernt haben.

Fragen zum persönlichen Bereich

- Fällt Ihnen Lernen leicht?//Lernen Sie gerne?
- Was sagen Ihre Klassenkameraden/MitstudentInnen/KollegInnen/Vorgesetzten über Sie?
- Was können Sie gut, weniger gut?
- Was sind Ihre Stärken und Schwächen?
- Was erwarten Sie von Ihrem Chef?
- Haben Sie Geschwister? Was machen Vater und Mutter?
- Was machen Sie denn in der Freizeit?
- Was für Hobbies haben Sie?
- Was zeichnet Sie denn sonst noch aus?
- …

Fragen zur Motivation

- Warum haben Sie sich gerade bei uns beworben?
- Was wissen Sie über unser Unternehmen?
- Warum wollen Sie den Arbeitgeber wechseln/haben Sie das Unternehmen verlassen?
- Warum glauben Sie, könnten wir/Unternehmen XY ein interessanter Arbeitgeber für Sie sein?
- Wieso glauben Sie, dass Sie diese Aufgabe gerne tun?
- Was möchten Sie in x Jahren erreicht haben?
- Was bedeutet Geld/Freizeit für Sie?
- Beschreiben Sie, was Sie begeistert!
- …

Neben diesen typischen Fragen gibt es auch **„unkonventionelle“, skurrile Fragen/Aufgaben,** die provozieren oder zum unkonventionellen Nachdenken **(Brainteaser)** anregen sollen. Dabei gibt es oft keine „richtige“ oder die zu erwartende Antwort. Es geht darum, dass Sie nachdenken, Ideen produzieren, Lösungswege aufzeigen.

- Sie wirken sehr positiv, was zieht Sie runter?
- Beschreiben Sie eine demütigende Erfahrung!
- Welcher war Ihr bester/schlechtester Tag in den vergangenen vier Jahren?
- Sind Sie kreativ/...? Denken Sie sich etwas Kreatives/... aus und lassen Sie mich/uns teilhaben!
- Was würden Sie tun, wenn ich Ihnen jetzt vors Knie treten würde?
- Sie hängen nackt an einem Ballon, was tun Sie?
- Sie haben dies an, Sie tragen solch eine Brille/einen Schmuck/Haarschnitt. Was möchten Sie damit zum Ausdruck bringen?
- Wie viele Smarties passen in einen Smart?
- Wie viele Hunde gibt es wohl in Deutschland?
- ...

All diese Fragen können, müssen Sie aber im Interview nicht vorfinden. Wenn Sie meinem bereits geäußerten Rat folgen und Fragen vorwegnehmen, d. h. Begründungen geben, Lücken ansprechen etc., fallen einige der oben aufgeführten Fragen weg.

Wenn Sie nach etwas, z. B. nach Ihren Stärken und Schwächen, gefragt werden und sich dafür genau eine Antwort zurecht gelegt haben, antworten Sie nicht „ wie aus der Pistole geschossen". Das fällt auf.

Nutzen Sie dagegen ein Stilmittel aus der Kommunikationslehre, das übrigens auch hilft, wenn Sie gerade nicht darauf vorbereitet und perplex sind. Sie nehmen sich Zeit zum Überlegen und Antwort-Formulieren, indem Sie die Frage wiederholen, mit etwas anderen Worten noch mal formulieren ... „Ja, was sind meine Stärken ... mmh? Ich denke, ..."

Bereiten Sie sich auch auf die häufig so oder ähnlich gestellte Frage „Warum sind Sie für die Stelle geeignet?" gut vor. Sammeln Sie vor dem Hintergrund der Anforderungen an die Stelle (z. B. aus der Stellenanzeige) drei bis vier schlagkräftige Argumente und geben Sie diese als Antwort, um sich besonders attraktiv für das Unternehmen darzustellen.

In dieser Kandidaten-Check-Phase ist es wichtig, dass Sie Ihre Botschaften zielgenau platzieren und rüberbringen. Bleiben Sie daher in den Aussagen präzise und prägnant; antworten Sie auf Fragen gezielt und konkret, nicht langatmig ausschweifend. Sie wollen überzeugen, den Job bekommen. Aber nur auf Basis Ihrer Aussagen und wie Sie beim Empfänger ankommen, können die EntscheiderInnen den Daumen heben und „Ja" zu Ihnen sagen. Denken Sie an einen Grundsatz der Kommunikation – Der Sinn der Botschaft entsteht beim Empfänger!

In den Unternehmen gibt es unterschiedliche Vorgehensweisen, wie und wie viele Interviewrunden durchgeführt werden. Das hängt auch ein Stück von der Wertigkeit/Positionierung der zu besetzenden Stelle ab.

Aus Sicht der Personalwirtschaft sind zwei Runden sinnvoll. Das kann einmal dadurch geschehen, dass man nach dem ersten Interviewtermin ein **zweites persönliches Interview** ansetzt und Sie es dann schon in die enge Endauswahl geschafft haben.

Wenn das erste Interview entweder vom Personaler oder von der Fachvorgesetzten alleine geführt wurde, erfolgt das zweite Gespräch dann häufig zusammen, Personaler und Fachvorgesetzte oder umgekehrt. Eine weitere Möglichkeit ist zudem, dass der nächsthöhere Vorgesetzte im zweiten Gespräch anwesend ist. Auch ist es denkbar, dass man sich zusätzlich noch mit einer zukünftigen Teamkollegin kurz zusammensetzt.

Auf jeden Fall läuft das zweite Bewerbergespräch in ähnlicher Form wie das erste Interview ab. Es werden in der zweiten Runde aber auch neu entstandene Fragen und die wichtigen Details zum Vertrag (Beginn, Gehalt, Sonderleistungen) besprochen.

Wenn Sie mit einem möglichen zukünftigen Kollegen sprechen, wird das Gespräch über Umfeld und Details der Arbeitsaufgabe im Vordergrund stehen. Für eine kurze Selbstvorstellung können Sie auch gut den 90-Sekunden-Spot nutzen.

Ein Beispiel. Sie sind zu einem zweiten Interview eingeladen, anwesend sind der Personaler, der bereits das erste Gespräch allein mit Ihnen geführt hat, und der (zukünftige) Gruppenleiter. Plötzlich betritt eine weitere Dame den Raum und stellt sich als Frau Oszulu, Abteilungsleiterin und damit nächsthöhere Chefin, vor. Sie will Sie schnell kennenlernen, einen kurzen Eindruck von Ihnen gewinnen, und bittet Sie, „ein paar Sätze zu sich zu sagen". Was nun? Etwa noch mal den Lebensweg im Detail schildern?

Nutzen Sie in dem oder in vergleichbaren Fällen den **90-Sekunden-Spot.** Fassen Sie sich noch kürzer, konzentrieren Sie sich auf die wichtigsten Punkte und Aussagen und geben Sie einen groben Überblick über sich! In rund 90 Sekunden, okay, vielleicht auch zwei Minuten, sollten Sie der Dame die wichtigsten Fakten und Botschaften rübergebracht haben. Das sind sicherlich kurze persönliche Daten, Ihre Grundausbildungsfakten (höchster Schulabschluss, Berufsausbildung/Studium), Ihre beruflichen Tätigkeiten/Funktionen (ggf. zusammengefasst mit zwei/drei Aufgabenbeispielen und/oder einem besonderen Erfolg) sowie Grund/Motivation zur Bewerbung beim Unternehmen. Also die Langversion der Selbstpräsentation gerafft in rund anderthalb Minuten.

Eine andere Möglichkeit, in einem weiteren Gespräch einen persönlichen Eindruck zu gewinnen, aber Zeit und Aufwand zu sparen, ist, vor dem ersten – persönlichen – Bewerbergespräch ein **Telefon-Interview oder Video-Interview** zu führen. Das wird heute häufig(er) genutzt und ist in Corona-Zeiten zumindest zeitweise zwingend geworden. Ob und wie es sich in der Zukunft standardmäßig durchsetzt, wird sich zeigen. Auf jeden Fall können und wollen Unternehmen im (Vorab-)Telefon- oder

Video-Interview die KandidatInnen „vorchecken", um für die persönliche Einladung sicherer zu sein und damit Zeit zu sparen.

Für das Telefon/Video-Interview (T/V-Interview) wird i. d. R. auch ein fester Termin vereinbart, oder aber, wie weiter oben bereits ausgeführt, das Telefonat, das eine Einladung verkünden soll, ist eine Art Telefoninterview.

Werden Sie durch einen Anruf spontan überrascht und man möchte mit Ihnen ein Telefoninterview führen, tun Sie es besser nicht! Egal, wo Sie sich auch befinden. Sie sind nicht wirklich vorbereitet und darauf eingestellt, ggf. befinden Sie sich in „schlechter Umgebung" (Auto, U-Bahn, Supermarkt) und sind damit noch nervöser. In solch einem Fall ist es besser, dem Gesprächspartner mitzuteilen, dass es im Moment nicht passt, Sie gerne in x Minuten/Stunden zurückrufen oder direkt einen anderen Termin vereinbaren. Das ist akzeptabel und Sie können sich gezielt auf den neuen Termin vorbereiten.

In der Regel läuft das T/V-Interview ähnlich ab wie das Face-to-Face Gespräch; die Phasen sind aber kürzer. Zudem werden oft direkt gezielte Fragen zum Lebenslauf bzw. dort angegebenen Informationen gestellt. Mein Rat ist, üben Sie das Videogespräch mit FreundInnen und/oder mit Hilfe einer Videoaufnahme.

Achten Sie dabei insbesondere auf Ihre Körpersprache, Gestik, Mimik und Ihre Stimmlage. Machen Sie sich mit der entsprechenden Technik bzw. dem genutzten Programm (Skype, Zoom, MS Teams etc.) vertraut. Ferner ist zu beachten:

- genügend Zeit (vorher, nachher) einplanen
- ruhigen, ungestörten Platz/Raum nutzen (keine Hintergrundgeräusche/Halleffekte)
- auf die Umgebung, einen „ansprechenden" Hintergrund achten
- etwas zu trinken bereitstellen
- die Unterlagen, Papier und Schreiberling parat haben

- das Festnetz, wenn vorhanden, bzw. stabile Verbindung benutzen
- „korrekt“ gekleidet, nicht im Jogging-Anzug am (Büro-) Tisch sitzen.
- sich inhaltlich wie auf das persönliche Bewerbergespräch vorbereiten
- kurz, prägnant und zielorientiert antworten

In dem T/V-Interview ist es noch zwingender, klar und deutlich, aber auch freundlich zu kommunizieren. Sie sehen Ihren Gesprächspartner nicht (beim Telefonat); keine Reaktionen, keine Gestik, Mimik verraten Ihnen, wie Ihre Aussagen vielleicht ankommen. Die Zeit ist zudem begrenzter, in der Regel wird es nur 20 bis 30 Minuten dauern. Bringen Sie daher Ihre wichtigen Botschaften rüber, sonst ist die Chance für eine Fortsetzung vertan!

Relativ neu ist auch das **zeitversetzte Video-Interview**, das sinngemäß zu den oben dargestellten Video-Anzeigen und Video-Bewerbungen gehört (vergl. Ende Pkt. 5, Bewerbungsunterlagen). Hierbei bitten Unternehmen Sie, bestimmte Fragen innerhalb einer vorgegebenen Zeitspanne per Video zu beantworten. Das Video-Interview ist also Teil des Interview-Auswahlverfahrens und bietet Unternehmen einige Vorteile.

Für Sie gilt bei der Video-Aufnahme das oben bereits Gesagte.

Das Bewerbergespräch ist das Auswahlinstrument, das immer noch die dominierende Rolle spielt und auf dessen Basis die Entscheidung zur Einstellung getroffen wird. Daneben gibt es aber auch noch weitere, das Interview ergänzende bzw. ersetzende Instrumente. Diese finden Sie übersichtsartig im folgenden Schaubild dargestellt. Auf sie kann hier nicht näher eingegangen werden. Es gibt dazu aber Spezialliteratur im Buchhandel und im Netz.

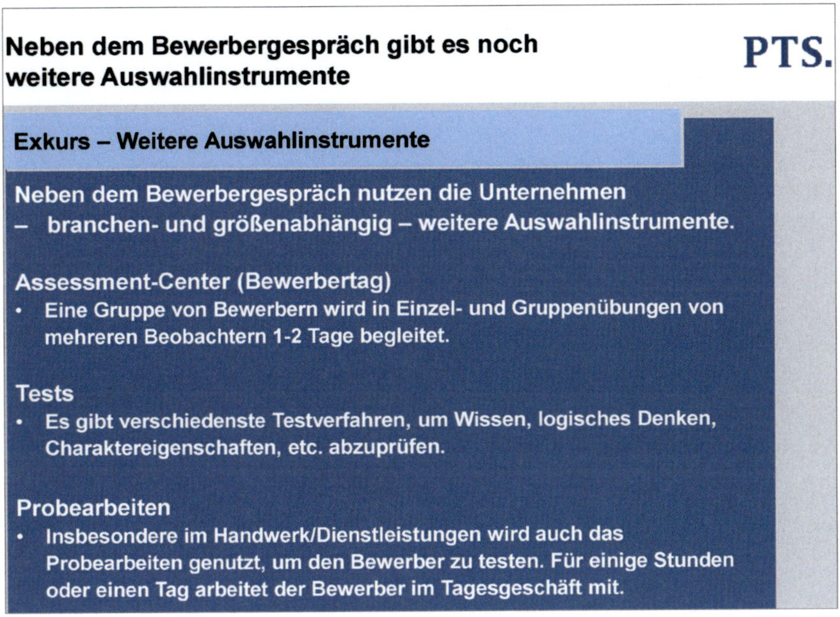

Wir kommen zum Ende der zweiten Hürde, des Interviews. In diesem Kapitel wurde auf viele einzelne Details und auf den ersten Blick vielleicht „unwichtige Dinge und Punkte" eingegangen. Täuschen Sie sich nicht!

Auch die kleinsten Feinheiten im Bewerbergespräch können Mosaiksteine zur Entscheidungsfindung sein. Versetzten Sie sich mal in die Lage der EntscheiderInnen. Auf Basis eines einstündigen Interviews muss eine Entscheidung über Ihre Einstellung und damit über passt/passt nicht getroffen werden. Damit wird ggf. über eine längerfristige Zusammenarbeit und mithin auch hohe Kosten (eine Fehlentscheidung kostet je nach Position und Vertragsdauer einige tausend bis zehntausende Euro!) entschieden.

Daher müssen die EntscheiderInnen aus vielen (Einzel-)Eindrücken und Puzzlesteinen das Gesamtbild zusammensetzten. Das ist nicht immer einfach und jeder für Sie scheinbar unwichtige

Punkt kann mit ausschlaggebend sein. Noch trifft der Mensch eine Entscheidung, und der ist eben vielseitig und folgt keinem Algorithmus.

8 Entscheidung und die ersten sechs Monate

Die Entscheidung – Zu- oder Absage

Sie haben mehrere Bewerbungsgespräche absolviert; mal sind Sie mit einem super positiven Gefühl rausgegangen, mal haben Sie gedacht, na, ob das was wird? Zu- oder Absage!?

Beginnen wir mit dem nicht so schönen Fall, der Absage durch das Unternehmen, um uns dann ausführlicher dem positiven Ausgang, der Zusage und dem weiteren Prozess, zu widmen.

Seitens der Unternehmen wird das Verhalten im **Absagefall** durchaus unterschiedlich gehandhabt. Es hängt von der „Klarheit“ des Bildes, das man von Ihnen gewonnen hat, ab.

Hat die Entscheiderin im bzw. nach dem Interview und im Vergleich zu möglichen anderen Kandidaten die eindeutige Meinung, Sie passen überhaupt nicht auf die Stelle, dann erfolgt die Absage relativ bald und zeitnah. In den überwiegenden Fällen wird dies nicht mündlich, sondern in einer Art Standardschreiben ohne wirkliche Angabe der Gründe per Mail oder Brief erfolgen.

Passen Sie recht gut auf das Stellenangebot, es wird aber dennoch ein anderer Kandidat bevorzugt oder es stehen noch weitere Gespräche mit KandidatInnen an, dann kann sich die Absage durchaus nicht nur Tage, sondern Wochen herauszögern. Das Unternehmen unterbreitet zunächst dem „besseren Kandidaten“ ein Vertragsangebot bzw. möchte man zunächst noch weitere KandidatInnen interviewen, und so lange erfahren Sie nichts.

Man hält sich also offen, Ihnen doch noch zuzusagen, wenn der Kandidat das Angebot ablehnt oder weitere Interviews keine neuen Top-KandidatInnen bringen.

Eine direkte Absage und/oder längere Wartedauer mit Absage ist frustrierend für Sie. Einmal, weil Sie überhaupt kein Angebot erhalten, es ggf. länger dauert und Sie häufig die Gründe der Entscheidung nicht erfahren und daher nicht wissen, was Sie verändern könnten.

Aber manchmal entlastet es auch. Sie waren vielleicht auch unsicher, ob der Job das Richtige ist, und durch die Absage müssen Sie sich nun nicht den Kopf zerbrechen ob ja oder nein, und die Entscheidung wurde Ihnen abgenommen.

Macht es dann – trotz Standardabsage – Sinn, nachzufragen, was die Gründe dafür waren, z. B. durch ein Telefonat? Ich bezweifle, dass sich der Versuch lohnt. Unternehmensvertreter sind auf Grund der gesetzlichen Lage sehr vorsichtig mit konkreten Angaben von Gründen. Sie fürchten eine mögliche (Diskriminierungs-)Klage. Daher wird die Aussage in der Regel „Es gab einen besser passenden Kandidaten" sein.

Zudem ist es für die EntscheiderInnen in vielen Fällen auch sehr schwierig, die Absagebegründung konkret an zwei/drei Punkten festzumachen. Sehr viele Puzzlesteine spielen bei der Entscheidungsfindung wie betont eine Rolle.

In der folgenden Übersicht sind die Gedanken und Aussagen zur Absage noch einmal zusammengefasst, und eine Botschaft wird darin deutlich. Reflektieren Sie die Rahmenbedingungen, das Erlebte, den gesamten Prozess und lernen Sie daraus für das nächste Mal. Lassen Sie sich nicht frustrieren und gehen Sie es mit positiver Energie neu an.

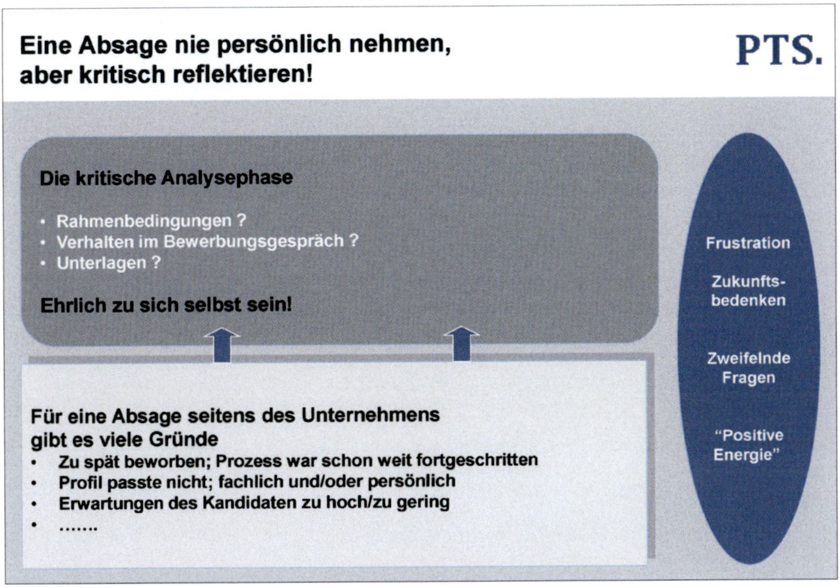

Nun zum positiven Fall, Sie haben beide Hürden erfolgreich überwunden. Auf Grund Ihrer erarbeiteten Unterlagen sind Sie eingeladen worden und haben das Interview erfolgreich bestanden. Eine **Zusage**, das Vertragsangebot, kommt.

Zusagen erfolgen sehr unterschiedlich. Der Personaler oder die Führungskraft ruft Sie an, teilt Ihnen die positive Entscheidung für Sie mündlich mit und kündigt einen schriftlichen Arbeitsvertrag an. Dieser wird heute häufig per E-Mail vorab zugeschickt und nach Ihrer Zusage und Ihrem Einverständnis im Original per Post versandt. Oder Sie erhalten direkt mit Unterschrift den Arbeitsvertrag per Post. Oder Sie sollen bei der Firma zur Unterschrift vorbeikommen etc.

Wenn nun ein Arbeitsvertragsangebot ins Haus flattert, dann müssen Sie eine – die richtige – Entscheidung treffen. Das Unternehmen hat sich für Sie entschieden, aber wollen Sie sich auch für das Unternehmen und das Vertragsangebot entscheiden? Je nach persönlicher Lebenslage, sind Sie EinsteigerIn, UmsteigerIn oder Veränderer und Suchende aus Zwang, werden Sie Ihre Überlegungen anstellen und bewusst entscheiden müssen.

Hierzu ein Schaubild.

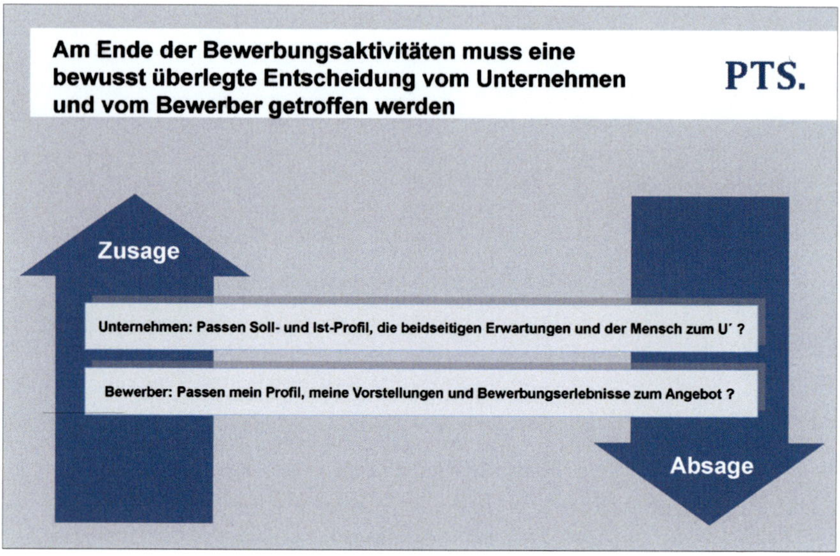

Zur Entscheidungsfindung, gerade wenn Sie dafür vielleicht ein bestehendes Arbeitsverhältnis aufgeben, ist es hilfreich, sich eine Übersicht zu erstellen und die positiven und negativen Punkte (was spricht dafür, was dagegen!?) gegenüberzustellen. Und dann heißt es den Daumen hoch oder den Daumen runter! Take it or leave it.

Wenn Sie in der glücklichen Situation sind, vielleicht zwei, drei Zusagen relativ zeitlich zusammenliegend zu erwarten, dann wird eine Entscheidungsfindung für Sie noch schwieriger. Mein Rat ist, liegt ein Angebot vor, bewusst entscheiden und nicht (zu hoch) pokern. Ansonsten stehen Sie am Ende mit leeren Händen, sprich ohne Arbeitsvertrag, da.

Ein Beispiel. Frau Schmitz hat am Montag, 15.04., einen Anruf von Firma X mit einer Zusage und dann direkt eine Mail mit dem Vertragsangebot erhalten, das ihr taugt.

Der Originalvertrag mit Unterschrift der Unternehmensvertreter kommt am nächsten Tag per Post. Sie unterschreibt und schickt ihn zurück.

Parallel ist Frau Schmitz aber auch bei Firma Y noch im Rennen. Dort hatte sie bereits ein zweites Gespräch und man sagte ihr, die Entscheidung falle bis zum 25.04. Und am Freitag, 19.04., soll auch noch ein erstes Bewerbergespräch bei Firma Z stattfinden.

Leider erhält man Vertragsangebote nicht zeitgleich oder nacheinander; Bewerbungsprozesse überlappen sich halt. Was tun?

Frau Schmitz kann natürlich Kontakt zu Firma Y und Z aufnehmen, hinweisen, dass ein Vertrag vorliegt, und hoffen, dass die beiden Firmen Ihre Entscheidungsprozesse beschleunigen.

Sie kann Zeit gewinnen und die Zu- oder Absage bei Firma X ein paar Tage herauszögern. Sie könnte auch mit offenen Karten spielen, Firma X informieren, dass sie noch ein Gespräch habe und dann erst eine Entscheidung treffen werde etc.

Sie sehen, es gibt verschiedene Reaktionsmöglichkeiten. Es kommt auf die Rahmenbedingungen, Ihre persönliche Lebenslage, Ihre eigenen Präferenzen und Ihre Risikobereitschaft an. Eine allgemeingültige Regel, wie man vorgeht, gibt es leider nicht.

Mein genereller Rat ist daher, unter Berücksichtigung der genannten Faktoren den vorliegenden Vertrag kritisch zu prüfen, zu bewerten, bewusst die möglichen weiteren Angebote gegen das vorliegende abzuwägen und dann zu entscheiden, was zu tun ist. Je nach Entscheidung dann aber auch konsequent sein!

Um im Beispiel zu bleiben; entscheidet sich Frau Schmitz direkt für das Angebot von Firma X, unterschreibt und sendet es zurück, dann sollte sie auch direkt Firma Y und Z absagen und nicht abwarten, ob sie auch ein Angebot von Firma Y bekommt.

Zudem sollte sie gar nicht mehr zum Bewerbergespräch bei Firma Z gehen. Sprechen wichtige Gründe gegen das Angebot von Firma X, dann konsequent sein, direkt absagen und auf die anderen Firmen hoffen. Sie erleichtern sich das Leben und kommen nicht in Entscheidungs- und Gewissenskonflikte. Hätte, hätte, Fahrradkette ...

Ich plädiere für einen fairen Umgang im Bewerbungsprozess sowohl auf Seiten der Unternehmen als auch der Bewerbenden. Das hilft letzten Endes beiden Seiten.

Sie haben sich nun für die Annahme des Vertragsangebotes eines Unternehmens entschieden, den Vertrag unterschrieben und zurückgeschickt. Der Arbeitsbeginn im neuen Job ist aber erst in gut zwei Monaten. Dieser Zeitraum hat ein paar Besonderheiten, die ich hier nur kurz in einer Übersicht andeuten möchte.

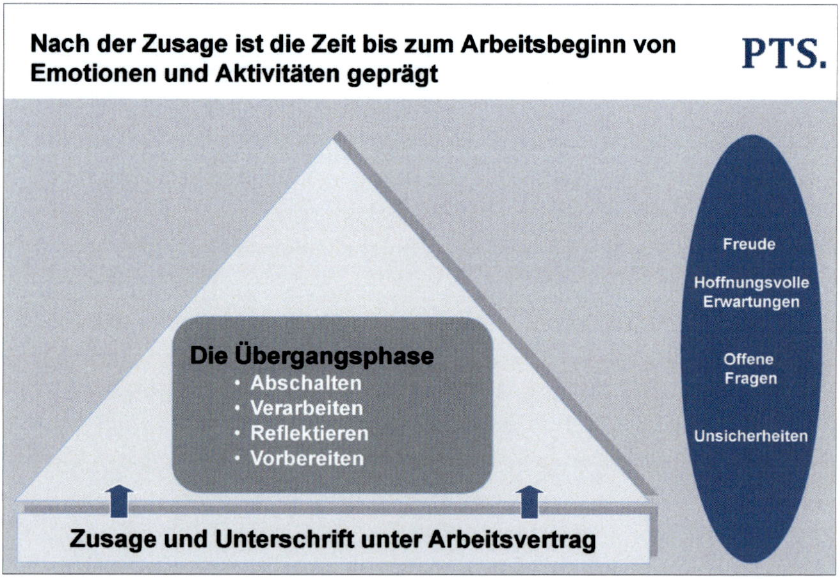

Gute Unternehmen mit einer aktiven Personalarbeit lassen Sie in dieser **Latenz-/Übergangsphase** nicht allein und gehen durch unterschiedliche Maßnahmen auf Ihre Freude, Erwartungen, Fragen und Unsicherheiten ein. Da kann man als Unternehmen eine Menge Positives für Sie tun; es geschieht aber leider nicht immer. Wenn Sie jedoch vom Unternehmen angesprochen, vielleicht zu einem ganz besonderen Anlass bereits zur Teilnahme an einem Meeting gebeten oder zu einer besonderen Veranstaltung/Feier eingeladen werden, dann nehmen Sie es wahr! So kann die Integration von beiden Seiten schon beginnen, und es hilft auch Ihnen, Unsicherheiten abzubauen.

Der erste Tag und die ersten sechs Monate

Es ist es so weit, der erste Arbeitstag steht an und damit beginnen die ersten sechs Monate, auf die im Folgenden eingegangen wird. Sechs Monate deshalb, weil diese Zeit bis zu sechs Monaten häufig die Probezeit genannt wird und auch so in einem Paragrafen im Arbeitsvertrag benannt ist. Das hat insbesondere etwas mit dem Arbeitsrecht und den Möglichkeiten der vereinfachten Kündigung von beiden Seiten zu tun.

Diese Probe- oder, wie ich sie nennen mag, „Schnupperzeit" ist eine sehr wichtige Phase, die sowohl seitens des Unternehmens und der zuständigen Führungskraft als auch der neuen Mitarbeiterin häufig unterschätzt wird. In dieser Zeit kann viel falsch oder eben viel richtig gemacht werden. Läuft alles gut, wird der „Grundstock" für eine zukünftig erfolgreiche und ggf. langfristige Zusammenarbeit für beide Seiten gelegt.

Deshalb legen auch immer mehr Unternehmen sogenannte „Onboarding-Programme" auf, in denen die neuen MitarbeiterInnen mit unterschiedlichen Maßnahmen, Aktivitäten und Unterstützung verschiedenster Art in das Unternehmen und die Funktion eingeführt werden.

Hierzu eine kleine Bemerkung und ein Rückblick am Rande. Bei der Nixdorf Computer AG waren wir diesbezüglich Meilensteine voraus. Hier gab es, und ich habe es „live“ genossen“, bereits Anfang der 80er-Jahre das tolle Nixdorf Auftakt Programm, auch NAP genannt!

Alle neuen MitarbeiterInnen eines Quartals, vom Produktionsmitarbeiter bis zur Top-Führungskraft z. B. im Vertrieb, wurden eine Woche lang in einem Hotel in Kleingruppen und Plenumsveranstaltungen mit dem Unternehmen, seinen Produkten, seiner Unternehmensphilosophie etc. vertraut gemacht. Dabei waren gestandene Nixdorf-MitarbeiterInnen Coaches und Mentoren, und auch Mitglieder des Vorstandes waren an einem Diskussionsabend mit von der Partie. So entstand ein legendärer Nixdorf-Spirit!

Das Onboarding oder auch die Einarbeitung ist neben den Aktivitäten der Personalorganisation insbesondere auch „Chefsache“. Die Vorgesetzten müssen die Zeit aktiv gestalten. In den ersten Tagen und Monaten des „Sich-Beschnupperns“ wird Ihnen aber nicht nur geholfen, sondern Sie werden auch mehr oder weniger knallhart beobachtet und eingeschätzt; von der Vorgesetzten, von KollegInnen, von anderen Geschäftspartnern etc.

Darüber sollten Sie sich klar sein, das Unternehmen wird (sollte zumindest) in den ersten sechs Monaten eine bewusste Entscheidung für oder gegen Sie und die weitere Zusammenarbeit nach der Probezeit treffen. Erst in dieser Zeit wird festgestellt, ob sich die Einschätzung auf Grund der Unterlagen und des Bewerbergespräches als richtig erweist. Betriebswirtschaftlich gefragt, waren und sind die (weiteren) Investitionen in Sie und die damit verbundenen Kosten richtig und lohnend?

Das Gleiche gilt natürlich auch andersherum. Aus Ihrer Sicht werden Sie sich in dieser Zeit fragen, ob das Unternehmen und der Job Ihre Wünsche und Erwartungen erfüllt oder es sich als

Flop erweist? Es ist die Zeit der beiderseitigen Überprüfung und Bewährung!

Worauf können und sollten Sie in dieser Phase also achten, was kann Ihnen helfen, welche Aktivitäten und Verhaltensweisen sind angebracht?

Da es um Beobachtung und Einschätzung sowie Profilierung und Anpassung geht, ist eine Art Balance zu finden und ein abgewogenes Handeln sinnvoll. In den beiden Übersichten finden Sie hierzu einige Anregungen und Tipps.

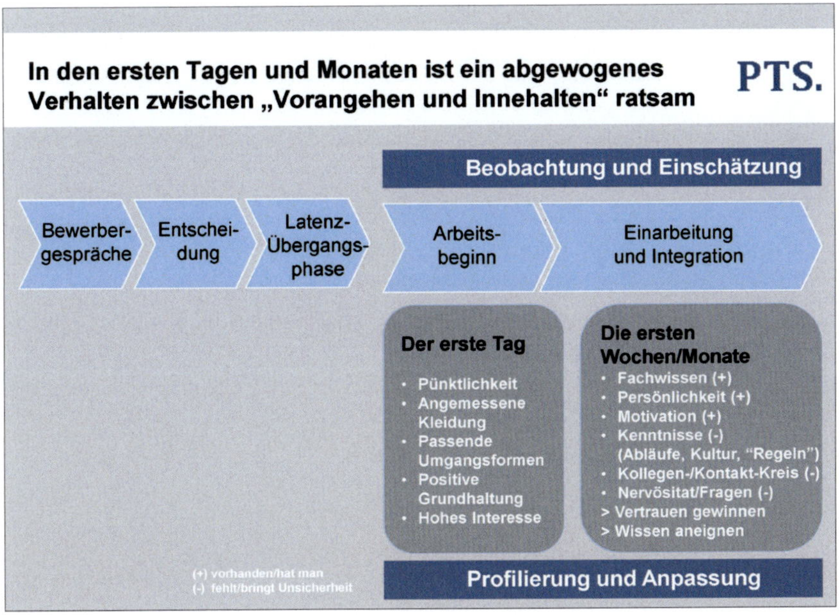

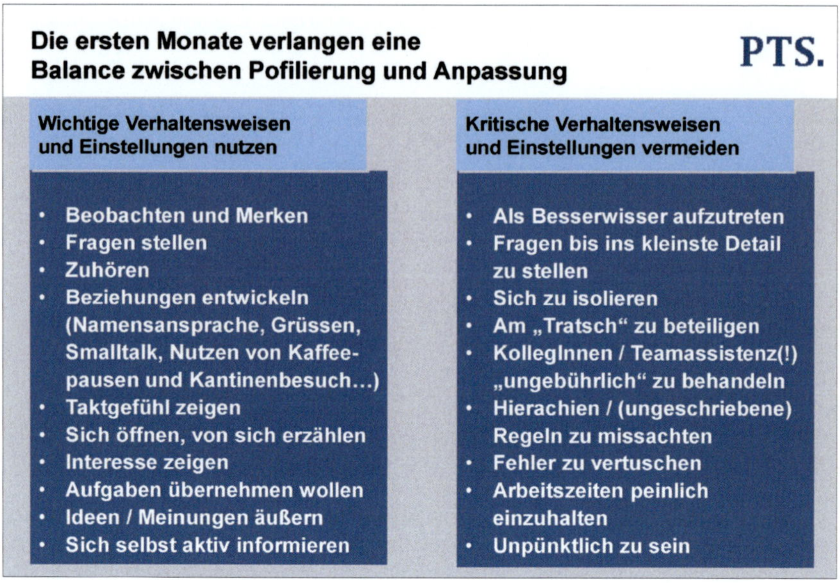

Um es in einem Satz zusammenzufassen: Gute Vorbereitung, aktive Lernbereitschaft und gesundes Engagement schaffen eine solide Basis für eine erfolgreiche Integration und zukünftige erfolgreiche Tätigkeit!

9 Exkurs 1 – Aussagen zum Gehaltswunsch

In diesem Kapitel werde ich nun meine Gedanken und Anregungen zum Gehaltsthema, die sowohl für das Anschreiben als auch für das Interview gelten, darlegen.

Ich habe in meinen Beratungen gelernt, dass die BewerberInnen hierzu drei wesentliche Fragen haben. Wie gebe ich mein Gehalt an? Welche Höhe soll ich ansetzen? Und laufe ich nicht Gefahr, dass meine Gehaltsforderung zu hoch ist bzw. ich mich unter Wert verkaufe?

Mein erster Rat ist, den Gehaltswunsch in einer Spanne Jahresbrutto-Gehalt in Euro von ... bis ... mit Schwankungsbreite von rund 10 % anzugeben.

Als **Beispiele**
19.000 Euro – 21.000 Euro p. a.
49.000 Euro – 54.000 Euro p. a.
78.000 Euro – 85.000 Euro p. a.

Warum? Mit der Spanne erfassen Sie mehr Gehaltsmöglichkeiten und scheinen nicht so fixiert, als würden Sie sagen „Wunschgehalt 50.000 Euro“. Sie signalisieren damit Flexibilität und Verhandlungsbereitschaft.

Jahresbrutto-Gehalt macht Sinn, weil es unterschiedlichste Varianten der Aufteilung gibt, je nach Branche, Tarifvertrag und Unternehmensregelung. 12x/13x/14x Monatsgehalt, Urlaubsgeld ja/nein x %, Weihnachtsgeld ja/nein x %, Sonderzahlungen etc. Nennen Sie ein Monatsgehalt, muss der Personaler erst wieder rechnen. Der Bruttowert p. a. ist für das Unternehmen entscheidend; daher auch bitte keinen Nettowunsch nennen, der ja von Ihrer persönlichen Steuerklasse etc. abhängig ist.

Je höher das Gehalt ist, desto höher kann die Schwankungsbreite absolut sein.

10.000 Euro machen bei 100.000 Euro Jahreseinkommen Sinn, aber nicht bei 20.000 Euro.

Zur Festlegung Ihrer Gehaltsspanne können Sie sich an verschiedenen Faktoren orientieren.

- Ihr derzeitiges Jahresgehalt ist ein wesentlicher Indikator.
- Eine mögliche Steigerungsrate von ca. 10%, wird gewünscht, weil Sie sich mit dem Wechsel verbessern wollen oder eine andere/höherwertige Aufgabe übernehmen.
- Eine Festlegung der absoluten Untergrenze ist dringend geboten, d.h. welches Jahresminimumgehalt benötigen Sie, um vor dem Hintergrund der Rahmenbedingungen (u.a. Ihrem Wohnort) und Ihrer Lebensverhältnisse (u.a. Kinder) vernünftig leben zu können.
- Eine Bewertung des Jahreseinkommens der ausgeschriebenen Funktion „aus dem Bauch". Dabei helfen Ihnen die Informationen in der Stellenausschreibung. Handelt es sich um ein großes oder ein Kleinstunternehmen? In welcher Branche ist es tätig? In welcher Region ist es ansässig? Gibt es einen Tarifvertrag?
- Eine Internet-Recherche zum Unternehmen, ob und welcher Tarifvertrag mit welchen Bedingungen gilt, kann konkrete Angaben liefern.
- Gehaltsübersichten zum Funktionstitel sind im Internet i.d.R. ebenso leicht auffindbar und können ein Fingerzeig sein.

Sie sehen, es gibt verschiedene Info-Kanäle, um zu einer Gehaltsspanne zu kommen. Nicht alles ist notwendig; häufig reicht das derzeitige Jahresgehalt als Richtschnur aus. Wichtig ist nach meiner Meinung nur, dass Sie sich einmal intensiv damit beschäftigen und zu einem realistischen Ergebnis Ihres Gehaltswunsches kommen.

Damit haben Sie vom Grundsatz Ihre Gehaltsangabe im Anschreiben bzw. im Interview fixiert. Und die Frage nach der Gefahr zu hoher bzw. zu niedriger Gehaltsangaben Ihrerseits existiert dann an sich nicht mehr. Sie geben genau den Gehaltsrahmen an, den Sie wünschen, brauchen, der realistisch erscheint und zufriedenstellend ist. Punkt.

Schauen wir uns die andere, die Unternehmensseite an. Auch für das Unternehmen existiert in aller Regel ein Gehaltsrahmen für die zu besetzende Stelle; entweder weil es gesetzliche, tarifliche oder weil es unternehmensinterne Regelungen bzw. Vergleiche hierfür gibt. Damit steht auch für die Unternehmensseite fest, was sie zu zahlen bereit ist.

Nun gilt es, dass beide Seiten im Bewerbungsprozess zueinanderfinden. Ich plädiere auch in dieser Frage für Ehrlichkeit und Fair Play auf beiden Seiten! Es bringt beiden Beteiligten nichts, zu pokern, das Gehaltsthema zunächst auszuklammern und/oder zu hoffen, es wird schon in meinem Sinne (Bewerber/Unternehmen) geregelt werden.

Daher ist es sinnvoll, und so handeln ja auch viele Unternehmen, die Gehaltsfrage direkt anzusprechen, bereits Angaben im Anschreiben zu fordern und diese dann als wesentliche Entscheidungsgrundlage über eine weitere Berücksichtigung im Bewerbungsprozess zu nutzen.

Es macht doch keinen Sinn, einen Bewerber einzuladen, wenn die Gehaltsvorstellungen und -möglichkeiten „meilenweit" auseinanderliegen. Umgekehrt macht es auch keinen Sinn für die Bewerber, Zeit zu investieren und ggf. mehrere Gesprächstermine wahrzunehmen, sich Hoffnungen zu machen, um dann zu erfahren, mein Gehaltswunsch liegt 15.000 Euro über dem Unternehmensmaximum. Sie kommen bei einer (so) großen Spanne wohl nicht zusammen.

Versuchen wir, es **an einem Beispiel mit verschiedenen Varianten** zu verdeutlichen.

Das Unternehmen hat eine Stelle „Einkäufer/Einkäuferin" ausgeschrieben. Seitens des Unternehmens liegt der Gehaltsspielraum auf Grund bestimmter Rahmenvorgaben zwischen 38.000 Euro bis 42.000 Euro p. a. Sie als Bewerber kennen diese ja nicht und geben in Ihrem Anschreiben nach guter Überlegung eine Spanne von … an.

V1. Eine Spanne von 52.000 Euro bis 57.000 Euro. Sie werden wohl nicht zusammenkommen, da Sie wahrscheinlich nicht bereit sind, auf minimal 10.000 Euro Jahresgehalt zu verzichten.

V2. Eine Spanne von 40.000 Euro bis 44.000 Euro. Wenn Sie ansonsten auf die Anforderungen der Stelle sehr gut passen, wird man Sie wohl einladen. Nach dem Motto, der Bewerber scheint ja flexibel zu sein, die 2.000 Euro können wir ihn sicher runterhandeln. Und auf 2.000 Euro zu verzichten wären Sie – je nach Lebenslage – wahrscheinlich bereit.

V3. Eine Spanne von 38.000 Euro bis 41.000 Euro. Alles gut, entspricht dem Unternehmensrahmen.

V4. Eine Spanne von 32.000 Euro bis 35.000 Euro. Wieder unter der Annahme des guten Passens werden Sie wohl eingeladen. Entsprechen Sie voll den Anforderungen des Unternehmens, dann kommt es nun darauf an.

Ein Kleinunternehmer ohne Regelungsvorgaben wird sich freuen und Ihnen wohl tatsächlich nur 35.000 Euro anbieten. Bei einem mittleren bzw. großen Unternehmen besteht die Gefahr dagegen eher nicht, weil ein Tarifvertrag/eine interne Regelung das Minimumgehalt von 38.000 Euro vorschreibt.

Dazu kommt noch ein weiterer Gesichtspunkt aus personalpolitischer Sicht.

Das Beispiel. Hat das Unternehmen und mithin die Führungskraft bereits drei andere MitarbeiterInnen in gleicher Funktion und mit vergleichbarer Qualifikation, tut es sich keinen Gefallen, Sie mit 35.000 Euro oder gar weniger anzustellen.

Nach spätestens einem Jahr kennen Sie die Gehälter der Mitkollegen, fühlen sich ungerecht behandelt und bezahlt und stehen beim Chef auf der Matte. Der kann häufig nicht direkt ein paar Tausender drauflegen und Sie kündigen vielleicht. Das hat sich für das Unternehmen dann nicht gerechnet, da nun die Suche und Integration eines neuen Mitarbeiters ansteht.

Es ist daher besser, Ihnen von Anfang an ein höheres Gehalt als von Ihnen gewünscht zu zahlen, das positiv zu verkaufen und Sie damit zusätzlich zu motivieren.

An diesen Beispielen sehen Sie, dass die Gefahr des zu hohen bzw. zu niedrigen Gehaltswunsches real existiert, sich aber aus den dargestellten Überlegungen auch sehr stark relativiert. Deshalb noch mal mein Plädoyer, Fair Play von Anfang an!

10 Exkurs 2 – Aussagen in Arbeitszeugnissen

Das Thema Arbeitszeugnisse wurde bereits im Rahmen der „Datei Zeugnisse“ bei der Erstellung der Bewerbungsunterlagen angesprochen. Warum nun hier noch ein separater Exkurs, werden Sie fragen?

Zu den Arbeitszeugnissen – und ausschließlich um diese geht es in diesem Kapitel – gibt es eine Menge Aussagen von Experten sowie ganze Bücher, die sich der sogenannten „Zeugnissprache“ widmen. In meinen Beratungen bin ich häufig darauf angesprochen worden; es herrscht eine gewisse Unsicherheit vor. Daher möchte ich mit diesem Exkurs meine Sicht der Dinge zu diesem Thema kurz darlegen, in Teilen andere Meinungen vertreten als von Experten und in Büchern geäußert und damit vielleicht zur Erhellung beitragen. Ich verzichte weitgehend auf die komplexe rechtliche Situation und Darstellung des Zeugnisthemas, sondern konzentriere mich ausschließlich auf meine Personaler-Sicht und Personaler-Erfahrung.

Mir geht es dabei vor allem um die beiden Punkte „Besondere **Wichtig- und Wertigkeit, d.h. Aussagekraft des Zeugnisses** im Rahmen einer Bewerbung“ und die **„Spezielle Zeugnissprache“**.

Keine Frage, Arbeitszeugnisse gehören in die Bewerbungsunterlagen und besitzen auch einen Aussagewert. Den möchte ich aber ein wenig relativieren vor dem Hintergrund der Rechtsprechung und des Wissens, wie und von wem Zeugnisse im Unternehmen erstellt werden.

Die Gerichte urteilen in Zeugnisverfahren – wie bereits in der Vergangenheit – nahezu einhellig zugunsten des Arbeitnehmers, auch weil die Unternehmen ein „schlechtes Zeugnis“ häufig nicht mit Tatsachen und Beweisen unterfüttern können.

Der Grundtenor im Zeugnisrecht lautet sinngemäß, Zeugnisse müssen „wohlwollend“ formuliert sein und sollen die zukünftigen Arbeitsmöglichkeiten nicht zu sehr behindern. Das bedeutet, es gibt eine starke Tendenz zum „Schönen“.

Das ist die rechtliche Seite der Medaille, die andere Seite ist der Zeugniserstellungsprozess im Unternehmen. Wie läuft der ab? Und wer ist beteiligt?

Das Unternehmen, vertreten durch die Führungskraft und/oder die Personalerin, ist zur Erstellung des Zeugnisses verpflichtet. Ich verweise mal wieder auf die „Mutter aller Regeln“. Die Führungskraft bittet die Mitarbeiterin, doch mal einen Zeugnisentwurf zu schreiben. Oder es gibt – in unseren digitalen Zeiten und insbesondere in großen Unternehmen – elektronische Zeugnisassistenten mit Textbausteinen, aus denen sich ein Zeugnisentwurf durch die Führungskraft schnell erstellen lässt, den man dann mit dem scheidenden Mitarbeiter durchspricht, bevor der Entwurf ggf. zur Personalabteilung geht.

Auch hier wieder die Tendenz zum „Schönen“. Die Führungskraft bzw. der Personaler will der ausscheidenden Mitarbeiterin etwas Positives mitgeben; sie waren ja sehr zufrieden mit ihr. Oder aber zumindest nichts Negatives/Schlechtes im Zeugnis aussagen, um dann mit Einsprüchen, Diskussionen über Worte oder gar Rechtsanwalt und Arbeitsgerichtsprozess belastet zu werden. Das Unternehmen ist vielleicht froh, dass der Mitarbeiter „weg ist“.

Wenn das mit der Tendenz zum „Schönen“ stimmt, dann relativiert sich die Aussagekraft von Arbeitszeugnissen erheblich. Aus meiner Sicht kann Folgendes gut geglaubt und als wahr angenommen werden.

- die angegebene Beschäftigungsdauer von/bis
- der Funktionstitel
- die dargestellten Einzelaufgaben, Ergebnisse, Erfolge

- die Art des Ausscheidens (mit Einschränkung)
- das Ausscheidedatum

Neben den Zeitangaben liegt gerade in der Benamung der Funktion und der Beschreibung der damit verbundenen Tätigkeiten und Verantwortung eine hohe Aussagekraft von Arbeitszeugnissen. Hier bleibt man m. E. stark bei der Wahrheit.

Die Aussagen zur Leistung und zum Verhalten müssen aus Entscheider-Sicht dagegen schon mit einem gewissen Vorbehalt und Skepsis betrachtet werden.

Damit kommt der zweite Gesichtspunkt, die **„spezielle Zeugnissprache"**, in den Fokus.

Immer wieder wird von dieser gesprochen und darüber geschrieben. Ganze Bücher füllt sie.

Zudem werden bestimmte Formulierungen bzw. das gesamte Zeugnis in das Schulnotensystem 1 bis 5 übersetzt.

Hier nur so viel dazu. Eine Sprache, ein Sprachsystem ist vielschichtig aufgebaut, hat klare Vorgaben und Regeln, und es ist aufwendig, sie zu lernen. Und die Aussagen bzw. das Gesamtzeugnis mit Schulnoten zu übersetzen, ist etwas übertrieben.

Wer schreibt denn Zeugnisse? Die Mitarbeiterin zum Teil selbst, der Handwerkermeister um die Ecke, der Kleinunternehmer, die Führungskraft, die Personalerin in großen Unternehmen. Wie, wann und wo lernen diese Beteiligten die Zeugnissprache, wenn sie vielleicht nur einmal im Jahr ein Zeugnis erstellen sollen? Haben sie die Zeit und Lust dazu, ein einschlägiges Buch durchzuarbeiten? Nehmen sie die Schulnotenübersetzung korrekt vor?

Ich bezweifle das. Die Zeugnisschreiber besitzen allenfalls Halbwissen oder bruchstückhafte Kenntnisse vom Hörensagen und schreiben Aussagen im Zeugnis nach bestem Wissen und Gewissen.

Ja, es gibt einige Passagen im Zeugnis, die per unterschiedlicher Beschreibung bzw. Formulierung unterschiedlich interpretiert werden (können).

Das sind insbesondere die Aussagen

- zur Leistung, von „stets zu unserer vollsten Zufriedenheit" bis „war stets bemüht" gestuft.
- zum Verhalten mit „war einwandfrei/stets einwandfrei."
- zum Ausscheiden „auf eigenen Wunsch/in beiderseitigem Einvernehmen/aus betriebsbedingten Gründen".
- zum Abschied, „ohne oder mit Bedauern".
- zur Wunschformel „wünschen Ihnen alles Gute" und – mit oder ohne „weiterhin" –.
- „viel Erfolg."

Nur wird bzw. wurde es bewusst so oder so formuliert oder schlichtweg aus Unkenntnis anders geschrieben oder ein Wort leider mal vergessen? Zeugnissprache hin oder her.

Aus dem Gesagten ergibt sich für mich folgende Konsequenz. Ja, ein Zeugnis besitzt neben den glaubwürdigen Fakten eine „tendenzielle Aussagekraft". Es beschreibt, ob jemand eher ein sehr guter bis guter oder ein durchschnittlicher bis eher schlechter Mitarbeiter war. Zwei Kategorien, keine 1 bis 5 im Schulnotensystem.

Die Tendenzaussage, wie der Mitarbeiter war, und damit die Einordnung des Zeugnisses ergeben sich dann aus dem Gesamtzusammenhang und verschiedenen Punkten.

- Ist es eher lang und ausführlich geschrieben oder kurz gehalten?
- Gibt es die oben genannten „Key-Worte" durchgängig oder fehlen sie an der einen oder anderen Stelle?
- Ist es damit schlüssig formuliert oder könnte ein Versehen, ein fehlendes Wort z.B., vorliegen?

- Ist es absolut übertrieben (zu) positiv dargestellt?
- Ist der Aussteller ein kleiner Handwerker oder ein Großunternehmen?
- Hat eine Personalerin mit unterschrieben oder nur die Führungskraft?

Nur unter Berücksichtigung dieser Aspekte und Fragen ist es aus meiner Sicht berechtigt und hilfreich, das Zeugnis tendenziell zu deuten. Alle anderen Hineininterpretationen sind für mich eher übertrieben.

11 Zusammenfassung und weiterführende Unterstützung/Literatur/Links

Eine kurze Zusammenfassung

Damit kommen wir zum Ende des gesamten Bewerbungsprozesses inklusive der kurzen Exkurse. Sie haben gesehen, der Ablauf und die Inhalte sind doch umfassender und vielfältiger, als am Anfang vielleicht von Ihnen angenommen.

In diesem Ratgeber wurde er konsequent nach aufeinanderfolgenden Phasen getrennt und aus zwei Blickrichtungen, aus der Bewerbersicht, aber immer auch immer mal aus der Unternehmens-/Entscheider-Sicht beleuchtet.

Ein am Ende positiv abgeschlossener Auswahl- und Integrationsprozess ist aber nur idealtypisch voneinander getrennt. In der Realität überlappen sich regelmäßig die Phasen und Einzelaktivitäten.

Noch ein Kurz-Beispiel dazu. Häufig werden die (emotionalen) Grundlagen für eine gelungene Integration bereits bei den allerersten Kontakten gelegt, d. h. in der ersten (persönlichen) Begegnung.

Fassen wir noch einmal übersichtsartig wesentliche Anregungen und Tipps zusammen.

- **Die richtige Einstellung an den Tag legen!**
  (aktiv und engagiert sein; Durchhaltevermögen an den Tag legen; sich in Geduld üben; nicht so leicht frustrieren lassen)
- **Den Entscheider im Auge behalten**!
  (einnehmen der Sicht der Personalerin/Führungskräfte; Lesen der Bewerbung leicht machen; hervorheben; kurze prägnante Sätze nutzen; „keine Zeit stehlen“)

- **Den Charme und die eigenen Stärken nutzen!**
  (den wichtigen ersten Eindruck nutzen; sich positiv abheben; angemessene Kleidung anziehen; Stärken betonen)
- **Mit Smalltalk und Körpersprache die Entscheiderin für sich gewinnen!**
  (offen auf Entscheiderin zugehen; Blickkontakt halten; klar und deutlich erzählen; Gemeinsamkeiten betonen; Sympathien wecken)
- **Bei der Wahrheit bleiben, aber nicht alles preisgeben!**
  (wahrheitsgetreu bleiben; Lücken umschiffen und im Interview erklären; Schwächen positiv drehen)
- **Interesse und positive, frohlockende Grundhaltung demonstrieren!**
  (vorbereitet sein; Fragen stellen; aktive Einstellung zeigen; über Erfolge/positive Erlebnisse berichten)
- **Dinge nicht übertreiben und authentisch bleiben!**
  (sich positiv verkaufen; sich selbstbewusst, aber nicht überheblich verhalten; sich geben, wie man ist)
- **Sich über Erfolge/Zusage freuen und aus Niederlagen/Absage lernen!**
  (stolz sein auf Gelingen; Freude zeigen; sich ehrlich hinterfragen; kritische Selbst-, Situations- und Prozessanalyse vornehmen)

Gehen Sie es an! Finden Sie mit guter Vorbereitung, Elan und Konsequenz einen spannenden, auskömmlichen und zufriedenstellenden Job. Glückauf!

Weiterführende Unterstützung

Dieser Ratgeber ist bewusst kurzgefasst, nicht zielgruppenspezifisch und kann daher nicht alle Facetten und Feinheiten sowie Zielgruppen behandeln. Wenn Sie sich tiefergehender und spezieller informieren und ggf. professionell unterstützen lassen möchten, gibt es zum Themenfeld Bewerbung eine kaum überschaubare Menge an Möglichkeiten. Hier soll daher zum Ende eine kleine Auswahl daraus genügen, zum großen Teil selbst gelesen und gesichtet. Bewusst wurde auch auf Musterbeispiele zum Anschreiben, Lebenslauf etc. verzichtet. Im Netz ist dazu auch alles vorhanden.

Finden Sie Ihren eigenen Weg!

Literatur/Bücher

Bei der Literatur gibt es seit Jahrzehnten das Autorenduo **Hesse/Schrader**, das zusammen oder einzeln viele Bücher – übergreifend und/oder spezialisiert – sehr erfolgreich veröffentlicht hat, u.a.
„Das Bewerbungshandbuch"
„Das ABC der erfolgreichen Bewerbung"

Ein weiteres Duo ist **Püttjer/Schnierda,** das auch verschiedenste Bücher zum Thema geschrieben hat, u.a.
„Wiedereinstieg für Frauen"

Ein „altes Buch", aber noch erhältlich
Georg Göpfert, „Die argumentative Bewerbung"

Auch **Svenja Hofert** schreibt Artikel und Bücher zum Thema, u.a. „Die Guerilla-Bewerbung".

Und zu guter Letzt ein Buch zum Interview
Jacoby/Vollmers, „Das Job-Interview-Knacker-Buch"

Literatur/Links

Unter diesem Link finden Sie Bewertungen und Aussagen zu Bewerbungsbüchern.
Welches Bewerbungsbuch ist das beste?
https://www.assessmentcenteracademy.de/bewerbungsbuch/
Stiftung Warentest hat mal vor Jahren Bewerbungsbücher getestet. Ist eine Weile her, aber vielleicht doch noch hilfreich.
https://www.test.de/Bewerbungsbuecher-im-Test-Drei-fuer-alle-Faelle-1222734-1222726/

Neben den beiden „Bewertungsseiten" gibt es unzählige Web-Pages, die sich mit dem Bewerbungsthema beschäftigen, sei es spezialisiert oder als Teil von Karriere-Beratungs-Seiten bzw. Jobbörse-Seiten etc. Eine kurze Auswahl.

Wirklich gut finde ich
https://www.karriere.de/

Daneben gibt es u. a.
https://karrierebibel.de/
https://www.bewerben.de/
https://www.jobware.de
https://www.karrierefuehrer.de/

Und nicht zu verachten, weil wirklich gut gemacht, die Seiten der Bundesagentur für Arbeit (BA); unter dem Kästchen Karriere und Weiterbildung.
https://www.arbeitsagentur.de/

Professionelle und persönliche Unterstützung

Möchten Sie nicht allein im stillen Kämmerchen vor sich hin arbeiten, sondern sich professionell und gar persönlich beraten und helfen lassen, so gibt es verschiedene Möglichkeiten. Zum Teil geschieht das ehrenamtlich, wie beim MALZ in München, oder aber gegen Bezahlung, die für viele horrend erscheint.

- **Bewerbertrainings verschiedener Träger, vermittelt i.d.R. durch die Bundesagentur für Arbeit (BA)**
- **BeraterInnen der BA**
- **Ehrenamtliche BeraterInnen in Bewerberberatungsstellen verschiedenster Träger**
- **Placement-/Job-Coaches von Outplacement-Unternehmen**
- **PersonalberaterInnen von Personalberatungs-Unternehmen**
- **Freiberufliche Einzel-BeraterInnen**

Sie sehen, das Unterstützungs-Feld ist vielfältig und nahezu unendlich. Sie müssen ihr Geld- und Zeitbudget kritisch prüfen und dann entscheiden, was Ihnen neben diesem Ratgeber noch weiterhelfen könnte. Sie entscheiden!

12 Ein Dank an die UnterstützerInnen

All die Gedanken und Aussagen, die ich niedergeschrieben habe, fallen ja nicht vom Himmel und sind immer perfekt formuliert. Daher möchte ich allen danken, die ich gerade in den letzten Jahren beraten habe und die mir Rückmeldung zu einzelnen Themen gegeben haben.

Dank gebührt insbesondere, in alphabethischer Reihenfolge, Silvia Auster, David Garcia, Petra Miksa, Holger Müller, Katharina Pfaffinger und Viola Siegl.

Sie haben das Manuskript intensiv gelesen und mir wertvolle Hinweise und Anregungen gegeben. Und zu guter Letzt möchte ich mich auch bei der Lektorin des novum Verlags bedanken. Es ist schön, „Helferlein“ zu haben. Recht herzlichen Dank an Euch!

13 Über den Autor und ein „Zückerli“

Mein Name ist Dietmar Schöckel, bin in Hagen, NRW, geboren und lebe seit gut 20 Jahren in München. Als Single, Ü 60 und schon „ein bisschen Privatier“, mag ich das vielfältige Angebot in der Stadt.

Nach meinem Abitur in Hagen und dem Studium der Volkswirtschaft sozialwissenschaftlicher Richtung in Köln habe ich in Paderborn im Personalwesen/Zentrale der Nixdorf Computer AG begonnen. Hier habe ich insbesondere konzeptionell strategisch an verschiedenen zukunftsweisenden Personalthemen gearbeitet.

Nach knapp drei Jahren wurde ich Personalleiter für den Nixdorf Vertrieb NRW in Düsseldorf, und dann – zu Siemens Nixdorf-Zeiten – Leiter Betreuungscenter.

Bis 1998 habe ich im Personalwesen alles gemacht, was Personaler so tun, vom Einstellen über Betreuen/Coachen bis Trennen.

Mit dem Wechsel nach München zur Siemens AG übernahm ich 2009 die Leitung des Referats Kompetenzmanagement, das für die Mitarbeiter der Funktionen Einkauf und Logistik in der Siemens AG weltweit zuständig war. Hier stand konzeptionelle Personalentwicklung, Kompetenzaufbau und Training sowie Nachwuchssicherung durch Trainee-Programme für Einkauf und Logistik/Supply Change Management im Mittelpunkt.

Zudem habe ich in der Zeit als Moderator und Trainer verschiedener Workshops und Seminare in der Einkauf-/Logistik-Organisation aktive Moderator-/Trainerarbeit geleistet.

In den letzten 10 Jahren liegen meine Aufgabenschwerpunkte als Freiberuflicher Personalberater und Trainer im BewerberInnen-Coaching und der aktiven Gestaltung von Placementprozessen. Zudem unterstütze ich junge Unternehmen in allen Personalthemen und arbeite als Moderator und Trainer.

Ich hoffe, mein „merkwürdiger Ratgeber" hat Ihnen Tipps und Anregungen für Ihren eigenen Bewerbungsprozess gegeben. Ich freue mich auf ein offenes Feedback von Ihnen! Schreiben Sie mir einfach an pts2020@t-online.de.

Und ein **kleines Zückerli** lege ich noch dazu. Den ersten 50 LeserInnen, die mir schreiben, biete ich eine kostenlose Überprüfung ihrer Bewerbungsunterlagen mit individueller Rückmeldung an. Auf geht's!

München, Januar 2021
Dietmar Schöckel

Der Autor

Dietmar Schöckel, geb. 1955 in Hagen, hat nach einem volks-/ sozialwissenschaftlichen Studium in Paderborn im Personalwesen der Zentrale der Nixdorf Computer AG begonnen. Hier arbeitete er insbesondere konzeptionell strategisch an verschiedenen zukunftsweisenden Personalthemen. Nach knapp drei Jahren wurde er Personalleiter für den Nixdorf Vertrieb NRW und dann Leiter eines Betreuungscenters bei der SNI AG. Mit dem Wechsel nach München zur Siemens AG übernahm er 2009 die Leitung des Referats Kompetenzmanagement, das für die Mitarbeiter der Funktionen Einkauf und Logistik weltweit zuständig war. Hier standen konzeptionelle Personalentwicklung, Kompetenzaufbau und Training sowie Nachwuchssicherung durch Trainee-Programme für Einkauf und Logistik/ Supply Change Management im Mittelpunkt. Seine Erfahrung aus 30 Jahren Personaler- und 10 Jahren Bewerbercoach-Tätigkeit hat er nun in Der – „merkwürdige" – Bewerbungsratgeber zusammengefasst.